# デジタル時代の児童の読解力

## 紙とデジタル比較読解調査からみえること

広島大学大学院人間社会科学研究科教授
**難波博孝**［編］

文学通信

# はじめに

### ——今のままの「読むこと教育」ではいけない——

　コロナパンデミックの時代にデジタル機器一人一台を迎えた学校教育現場では、学習者の読解力が低下するのではないかという懸念や紙をデジタル機器に置き換えただけのカリキュラムや授業で果たしていいのかといった不安が解消されないまま、急速にデジタル機器を使った教育実践が進められている。

　このような教育状況において、私たちは、確かなデータを手に入れて、それを元に議論をし、その議論を踏まえて国語科や教育現場におけるデジタル機器の使用やデジタル機器を用いた教育を新たに構築するべきだと考えた。

　そのために私たちは、2021年度から3年間にわたって、科学研究費基盤研究（B）の助成を受けて「小学校国語科におけるデジタル端末で「深く読む」ための調査・実践研究（21H00866 以下「科研」）」を立ち上げ、児童の読解力、特に深く読む「読解力」が異なるのかどうか、異なるとしたらどこが異なるのか、また、児童のメディア志向（読書するなら紙がいいか、デジタルがいいかなど）が読解力にどのような影響を与えているのかの調査を行った。

　科研の組織は以下の通りである（所属は2023年度現在）。

研究代表者：難波博孝（広島大学）

研究分担者：氏間和仁（広島大学）

　　　　　　黒川麻実（大阪樟蔭女子大学）

　　　　　　幸坂健太郎（北海道教育大学）

　　　　　　篠崎祐介（東京学芸大学）

　　　　　　菅谷克行（茨城大学）

　　　　　　髙橋茉由（秋田大学）

　　　　　　豊福晋平（国際大学）

　　　　　　細恵子（広島女学院大学）

　　　　　　本渡葵（新見公立大学）

　　　　　　森美智代（福山市立大学）

研究協力者：青砥弘幸（佛教大学）

　　　　　　瀧口美絵（広島都市学園大学）

　　　　　　谷口直隆（広島修道大学）

　　　　　　佐藤宗大（日本女子大学）

　　　　　　余亮闇（台湾・健行科技大学）

　科研では、日本の4小学校（M市立K小学校、M市立N小学校、O市立S小学校、O市立M小学校）のみならず、台湾の1小学校（T市立X小学校）でも調査を行い、合計約1,300名の児童に対して調査を行った。この調査の主要な部分が本書に掲載されている。

## 本書の構成

　**第1章**では、本書の研究の背景と意義を、**第2章**では、本

書が行う「深く読む」ことの理論的背景を述べている。**第 3 章**は科研の調査概要が述べられており、ざっと概要を知りたい方は第 2 章がお読みいただければと考える。

　第 4 章～第 6 章は、調査結果の報告である。**第 4 章**は紙とデジタルの読解比較、**第 5 章**は児童に対するインタビューとアンケート調査、**第 6 章**は観察調査の報告である。**第 7 章**は、ここまでの調査結果を関連付けて分析を行っている。

　**第 8 章**は共同研究を行った人々からのコメント、**第 9 章**では全体のまとめと今後の展望を示している。


　調査結果の詳細や分析の内容については本書を見ていただくとして、私たちがどうしてもお伝えしたいのは、今のままの「読むこと教育」（文学・説明文など文章全般を読むことの教育）ではいけないのではないかということである。デジタル機器導入によって、児童のメディアとの向き合い方が大きく変わってきているからである。

　ぜひとも本書をお読みいただき、「新たな読むことの教育計画」をこれからどう作っていけばいいかについて、みなさんと一緒に考えていければと願っている。


研究代表者　難波博孝


※本研究はJSPS科研費 JP21H00866 の助成を受けたものです。

# 第1章

# 本書の調査研究の
# 背景・目的

## 第 1 節　本書の調査研究の背景

　近年学校教育において ICT 教育の必要性が叫ばれ、文部科学省の GIGA スクール構想（https://www.mext.go.jp/a_menu/other/index_00001.htm）では 2023 年までに学習者に一人一台導入という構想が出されている。また、ソフト面では、デジタル教科書も学校現場に導入されている。

　一方で、メアリアン・ウルフ（2020）では、デジタル端末での読み方を子どもが教えられないと、「深く読む」のが困難であると指摘されている。

　学習指導要領が改訂され「主体的・対話的で深い学び」が教育課程において重要視される中で、また、今後文書がデジタル化され、デジタル端末で文章を読むことが当たり前になる中で、一層デジタル端末によって学習者が主体的に「深く読む」ことが重要となっている。

　日本の国語教育研究においては、「深い読み」について長年研究が行われてきた。たとえば、本書の執筆者関連だけでも以下のような研究がある。

　難波博孝と幸坂健太郎、篠崎祐介、本渡葵は、一連の科学研究費助成研究や、その成果である難波博孝監修（2018）、難波博孝監修（2019）、難波博孝（2018）、幸坂健太郎（2019）で、「筆者―読者」の構造の中で説明的文章を読むことの重要性を探求し、理論提示や実践提案を行ってきている。また、難波博孝は、中心的な研究分担者として関わった文学教育に関わる科学研究費助成研究や、その成果とである難波博孝他編（2018）において、「語り手―聞き手」「作者―読者」の構造の中で文学

的文章を読むことを理論化した。

　こういった「筆者—読者」の構造の中で説明的文章を読むことの教育研究や、「語り手—聞き手」「作者—読者」の構造の中で文学的文章を読むことの教育研究は、日本の国語教育研究の中で発展しきた。本書は、説明的文章と文学的文章において発展しきたこういった研究を踏まえて行った調査の報告である（「深く読む」ことの詳細は第 2 章参照）。

　紙（本）とデジタル端末とで読むことを比較した研究には、福田・内山（2015）は誤字脱字発見に、國田洋子（2015、16）は読みやすさと印象形成に、デジタル端末と紙（本）とで差異がないことを示している。これらは先ほどの「深く読む」読解を扱ったものではない。

　また、電子書籍の読みについて行った菅谷克行（本書の共同研究者である）の一連の研究においては、大学生を対象にして読解問題を解かせる調査で、デジタル端末と紙（本）とで差異がない一方で、読書行為や読解方略、主観的印象に両者の違いがあることが示されている。ここでは、対象が成人である。

　また氏間和仁（科研の共同研究者である）は、視覚支援教育において、「見えにくい子ども」が読むことに対してさまざまなデジタル端末を使って支援する研究・実践を行っており、このような研究の成果を通常教育においても活かす必要がある。また、デジタル端末の提示方法を整理した上で、読書速度に及ぼす影響についての基礎的研究も行っている。なお、ここでは、対象が視覚障害者（児童）である。

　本書の調査研究では、これらの「デジタル端末での読み」の研究成果を踏まえ、通常学級に在籍する小学校児童を対象とし

て、デジタル端末での「深く読む」ことを研究対象とする。菅谷やウルフが指摘するように、デジタル端末における読みには、読書行為や読解方略（読み方）に特徴があり、本研究は、小学校段階においてこれらの「深く読む」読解力がデジタル端末と紙（本）とでどのように異なるのか、また、その差異（デジタル端末における「深く読む」読解の特徴）を踏まえて、デジタル端末において、「深く読む」読解力を育成するにはどうすればいいか考察することになる。

## 第 2 節　本書の調査研究の目的および学術的独自性と創造性

本書の調査研究の目的は、以下の通りになる。

(1) 説明的な文章および文学的な文章を「深く読む」ことの読解調査について、紙とデジタルにどのような違いがあるか。その違いは学年ごとにどう異なるのか。
(2) 学年ごとに、紙とデジタルへの考え方について、また、紙とデジタルの回答行動について、さらに、読書やメディアの行動習慣について、どのような違いがあるか。
(3) (1) ～ (2) の関連性はどうか。

本書の調査研究の独自性は以下の通りである。

(1) デジタル端末における「深く読む」読解の特徴（弱みと強み）を明らかにする。
　　心理学や教育工学ではデジタル端末と紙（本）とを比べ

た読解研究の蓄積があるが、いまだ、現在の学校教育にお
いて有効な形で作成された調査は行われていない。一方、
国語科教育研究においては、「深く読む」ことの研究や多
くなされているが、デジタル端末を使った調査は行われて
いない。この点で、本書の調査研究は独自性を有する。
(2)「深く読む」ことを分類して読解調査を行っている。

　　本書の調査研究では、第2章で示すように、「深く読む」
ことを説明的文章・文学的文章の区別を超えて統一的に分
類している。

　　説明的文章の読むことの教育では、以前から「筆者の意
図を読む」「筆者想定」など「筆者と読者」というコミュ
ニケーション状況が設定された中で説明的文章を読むこと
の必要性が研究で明らかになっている。また、文学の読む
ことの教育においては、「語り手を読む」などの、語り手
と聞き手（読者）との関係で読む、あるいは、作者と読者
の関係で読むという、コミュニケーション状況の設定で読
むことの必要性が言われている。これらを統一的に扱い分
類し、これをデジタル端末の読みでも扱おうとするところ
に、本研究の独自性がある。
(3) デジタル端末による「深く読む」ことの特徴についての知
見を提供でき、教育現場でデジタル端末を使用した読むこ
との教育に対して、理論的・実践的な示唆を与えることが
できる。


　紙とデジタルにどのような違いがあるかについては、これま
で小学校段階での調査がなく、なしくずしに教室にデジタル機

器が導入されてきた。本書の調査研究をもとに、紙とデジタルのそれぞれのみと弱みを生かした読解教育を開発する基礎を本書の調査研究で提供したい。

# 第2章

# 深く読むことについての理論的整理

## 第1節　「深く読む」ことの概要

　本章では、「深く読む」ことについて、理論的な整理を行うことを目的としている。

　読解心理学や国語教育で読むことの研究の標準理論と言われるキンチは読解を「1 テキストベース」「2 状況モデル」の二つに分けて説明している。

　たとえば「蛙が蝿を食べた」は**図 1**、**図 2** ように図示できる。

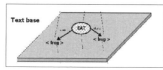

**図 1　テキストベース**

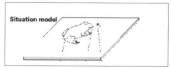

**図 2　状況モデル**

図 1、2 は FREUND, Luanne; O'BRIEN, Heather; KOPAK, Rick. Getting the big picture: supporting comprehension and learning in search. In: Workshop on Search as Learning (SAL). 2014. による

　PISA は読解力を、①'情報の取り出し、②'解釈、③'熟考・評価とするが、①'情報の取り出しが①テキストベース、②'解釈が②状況モデルに相当している。

　このように、読解力を、①や①'の「表層レベル＝浅い読み」と②や②'の「深層レベル＝深い読み」に分けて考えることは広く知られている。新井紀子（2018）は①や①'の「浅い読み」について検討している。本書の調査研究は、②や②'の「深い読み」を扱うことになる。

　一方、日本における、平成 29 年〜 30 年告示の小学校・中学校・高等学校学習指導要領では、「読むこと」が「構造と内容の把握」「精査・解釈」「考えの形成」「共有」の四つ（中学以後は「考えの形成」と「共有」が一つになり、三つ）の枠組みで形成さ

れている。これらはすべて、①'情報の取り出しや①テキスト
ベースの、「浅い読み」ではなく、本書の調査研究でいう「深
い読み」を目標としているものである。

　そのうち、「構造と内容の把握」「精査・解釈」は、おおよそ
②'解釈・②状況モデルの読みにあたり、「考えの形成」「共有」
は、PISAの③'熟考・評価にあたる。しかしそれぞれそれら
よりも学習指導要領では広いものを目指している。

　「構造と内容の把握」「精査・解釈」について考えてみると、
文章からの推論にとどまらず、たとえば小学校5・6年生の「読
むこと」指導事項アの「事実と感想，意見などとの関係を、叙
述を基に押さえ，文章全体の構成を捉えて要旨を把握すること」
の解説に「叙述を基に，書き手が，どのような事実を理由や事
例として挙げているのか，どのような感想や意見などをもって
いるのかなどに着目して，事実と感想，意見などとの関係を押
さえることとなる。」とあるように、書き手（作者・筆者）の
考えを考慮することが述べられている。

　これが高等学校になると、「現代の国語」「読むこと」イでは「目
的に応じて，文章や図表などに含まれている情報を相互に関係
付けながら，内容や書き手の意図を解釈したり，文章の構成や
論理の展開などについて評価したりするとともに，自分の考え
を深めること。」と、「内容」と「書き手の意図」とが区別され
ている。

　こういったことは、日本の国語教育研究の成果を踏まえたも
のである。読むことの教育において、「書き手（作者、筆者）」
の意図を推論することの重要性についての研究は多い。このよ
うな「筆者―読者」の構造の中で説明的文章を読むことの教育

研究や、「語り手―聞き手」「作者―読者」の構造の中で文学的
文章を読むことの教育研究は、日本の国語教育研究の中で発展
しきた（**図3**はそのモデルになる）。

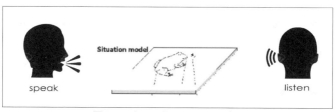

**図3　コミュニケーションモデル**

中央の図は FREUND, Luanne; O'BRIEN, Heather; KOPAK, Rick. Getting the big picture: supporting comprehension and learning in search. In: Workshop on Search as Learning (SAL). 2014. による

　また「考えの形成」「共有」について考えてみると、PISA の③'
熟考・評価については　テクストを踏まえて自らを振り返り思
考することとともに、その考えを共有し、「自分の考えを広げ
る（小学校　国語　読むことカ）」「自分の考えを深める（高校
現代の国語イ）」までも含んでいることに留意するべきである。
一方「評価」については、「自分の考えを持つ　小学校」「文章
を批判的に読む　中学校」などすでに学習指導要領には取り入
れられている。
　さらに、PISA の③'熟考・評価（なお、PISA の熟考につい
ては、本渡（2013）参照）は自分自身を見つめ振り返ること
を含んでいるというが、このような「読むこと」についての［省
察］的な機能は、西尾実の「行的認識」をはじめとして、日本
の国語教育でも受容が指摘されてきたことである。
　以上のように、PISA でも、日本の国語教育研究でも、「深
く読む」ことは非常に幅広く議論されており、また実際に実践

もされている。これらの「深く読む」間の関係や学習配列についてはさらに考えていく必要があるが、これらすべての「深く読む」ことをバランスよく学習することが重要であるだろう。本章ではこれら「深く読む」ことを一覧にした上で暫定的に分類した。

## 第2節 「深く読む」ことの構造

　第1節でみたように、「深く読む」ことには多くの種類のものが含まれている。そこで、これらを構造化することを試みる。まずは、「何を読むか」という対象面と「どう読むか」という姿勢面の大きく二つの軸で構造化して整理する。

　まず、「何を読むか」についてである。大きく、「テクスト内」と「テクスト外」に分ける。これは、先ほど見た高等学校学習指導要領で言う、「内容」（「テクスト内」）と「書き手」（「テクスト外」）との区別に相当するものである（なお、ここでの「テクスト外」は、「書き手」以外も含む）。次に、「テクスト内」を「内容」と「構造」に分ける。これはそれぞれ学習指導要領でいう「構造と内容の把握」の「内容」と「構造」にあたるものである。

　「テクスト外」については、大きく「読者外」と「読者」とに分ける。「読者外」というのは、「読者以外のエージェント」のことである。「読者外のエージェント」とは、ここでは筆者・作者・語り手・登場人物など、読者以外の「行為主体（伊野：2001）」を指す。説明文の場合は「筆者」ということになる。文学の場合は、「作者」にとどまらず「語り手」や「（登場）人物」も含まれる。これらは、「コミュニケーションの場」の中

で読むことを捉えようとしていることからその必要性が認識されているものである。こういった読者以外で人格性を持つエージェントの何かを読むことと、読者自身の何かを読むこととを大きく分けるのである。

　次に「どう読むか」である。これを大きく「没自己（主観）的に」「自己と関わらせて」と大きく二つに分ける。前者はできるだけ読み手の主観を排除して読もうとする姿勢である（もちろん主観は排除しれきれないがそのような姿勢を持つということである。これを客観的にといわないのは、客観ということが実体化することを恐れてのことである）。後者は、読み手の主観を入れて読む姿勢である。

　ここまでを表1にまとめる。

表1　「深く読む」ことの構造1

| 読む対象<br>読む姿勢 | テクスト内 | | テクスト外 | |
|---|---|---|---|---|
| | 内容 | 構造 | 読者外 | 読者 |
| 没自己的に読む | | | | |
| 自己と関わらせて読む | | | | |

## 第3節　「深く読む」ことの詳細

　第2節で作成した表をさらに細かく分類していく。

### » 第1項　読む姿勢

　まず、列の「読む姿勢」について細かく分類する。

一つ目の「没自己的に読む」ことを「情報の取り出し」と「解釈」に分ける。前者は、「浅く読む」ことであり、本書の調査研究では除外されるもので、文字通りに読むことである（こういう設定が可能かどうかの議論があることを承知しているが、ここはあくまで読む姿勢として述べている）。

　ここで注意しなければならないのは、「浅い読み」が簡単で「深い読み」が難しいということではないということである。これは新井（2018）も指摘しているが、情報だけを取り出して没自己的に読むことはかなり難しい。人はどうしても主観を強く入れて読むことが楽であり、また、その結果として行間を推論してしまうものだからである。ただ、このような「浅く読む」ことは、「深く読む」こととは別の「機械のように読む」訓練が必要である。

　もう一つの「解釈」とはここでは PISA の用語を使用しているが、推論して読むこと全体を指している。ただし、ここでは、できるだけ自己の主観を排除する姿勢で読むことを指している。

　次に二つ目の「自己と関わらせて読む」についてである。これを、以下に分類する。

・共感的に、同化的に読む姿勢
・自分事として、真摯に向き合って読む姿勢
・表現することを考えながら読む姿勢
・自分の意見や感想、考えを持ちながら読む姿勢
・自己変容を目指して読む姿勢
・新しい発見を目指して読む姿勢

　それぞれの項目について詳しく見ていく。

## ・共感的に，同化的に読む

　これは、文字通り対象に同化したり共感したりして読む姿勢である。対象に寄り添う読み方と言える。文学において登場人物になって読む読み方や、評論文において筆者の考えをできるだけ敷衍して言い換えようとするときの姿勢の読みである。これは、山元（2005）の「参加者的スタンス」、西郷文芸学の「同化」（髙橋（2021）参照）、難波他（2007）の「同化」などの概念にあたる。

## ・自分事として，真摯に向き合って読む

　これは、一つ目とよく似ているが、こちらの姿勢は、対象を自分ごととして捉え真剣に向き合い考えようとする読みである。対象に対して同化や共感していなくても、その対象について自分の問題として捉えようとする読みである。文学で描かれた事態を自分の生活と照らし合わせて考え直そうとしたり、筆者の環境保護の論を自分の問題として考えようとしたりする姿勢である。幸坂（2015）、江﨑（2018）などが想定する読みである。

## ・表現することを考えながら読む

　これは、倉澤栄吉の「筆者想定法」が想定している姿勢の読みである。倉澤は、「読ませたあとで、書くというのではなく、はじめから書き手として文章に立ちむかう。文章の生産された過程を想定して、追跡的に読む」ことを求め「筆者想定法」を考案している（正木（2011）参照）。ここから、表現過程の追跡（想定）をし、「文章から離陸」する読みを設定した。倉澤

の言う「文章から離陸」が本書の調査研究で言う「テクスト外」にあたる。ここでは、筆者だけではなく、文学の作者や語り手も含んで、これらのエージェントが表現するに至る過程を想定し、読者自身も表現することを追体験するように読む、対象を人格的に想定している。秋田喜三郎の「作者想定法」や倉澤栄吉の「筆者想定法」（正木（2012）参照）、正木（2019）の「筆者概念」などの概念にあたる。

## ・ 自分の意見や感想，考えを持ちながら読む

　これは、自分の意見や感想、考えを持ち、時には批評批判したり、ときには賛同したりして読もうとする姿勢の読みである。対象について、自分の意見や考えを形成しそれを持って対峙していこうとする姿勢の読みである。ある文学作品の人物や作者を批評したり、説明文の論に対して自分の意見を持ったりする読みである。山元（2005）の「見物人的スタンス1・2」や中学校学習指導要領のイなどの読みにあたる。

## ・ 自己変容を目指して読む

　これは、読むことによって自分自身の成長や変容変革を狙おうとする姿勢の読みである。田中実の「自己倒壊の読み」（田中（2016）参照）など、自分自身が持つ価値観や世界観を広げたり深めたりすることを目指す姿勢の読みである。山元（2005）の「見物人的スタンス3」や西郷文芸学の「典型化」（髙橋（2021）参照）、難波他（2007）の「典型化」、田中実（2016）の「自己倒壊の読み」などの読みにあたる。

## ・新しい発見を目指して読む

　これは、変容や変革までは至らなくても、対象から新しいものを発見し自分に役立てようとする読みである。ただ情報を読み取るのではなく、自分に役立つ、自分にとって意義があることを対象から得ようとする姿勢の読みである。山元（2005）の「情報駆動の読み」などにあたる。

### » 第2項　読む対象

　次に横の行「読む対象」について細かく分類する。対象の「テクスト内」についてはすでに「内容」と「構造」に分けている。「テクスト内」の「内容」とは、文学でいえば登場人物の描かれていない行動を推論して読む、説明文で言えば省略された情報を推論して読む、などの読みである。それに対して「構造」とは、文学や説明文の相互関係や論証関係を推論することを対象とした読みである。これらはいずれも、ことさら人格的なエージェントを想定しなくても推論できる対象を読みの対象としている。

　次に「テクスト外」である。これは大きく「読者外」と「読者」に分ける。「読者外」には、次のものがある。
・「読者外のエージェント」
・「読者外のエージェント」が想定する相手
・「読者外のエージェント」の背後の言説
　それぞれの項目について詳しく見ていく。

## ・「読者外のエージェント」

　これは、「読者外のエージェント」（登場人物、語り手、作者、

筆者）の考えや心情、性格を対象として推論する読みである。

## ・「読者外のエージェント」が想定する相手

これは、「読者外のエージェント」（登場人物、語り手、作者、筆者）がどんな相手（聞き手、読者、他の人物）を想定しているか、また、その相手の考えや心情、性格をどんなふうに想定しているかを対象として推論する読みである。

## ・「読者外のエージェント」の背後の言説

これは、「読者外のエージェント」（登場人物、語り手、作者、筆者）に影響を与える、「読者外のエージェント」を取り巻く状況、環境、共同体、時代がどのような価値観・世界観を有しているかを対象として推論する読みである。

次に「テクスト外」の「読者」については次のものがある。
・「読者」自身
・「読者」の背後の言説

## ・「読者」自身

これは、読者自身がどのような考え、感情、価値観・世界観を持っているかを振り返る、省察することを対象として推論する読みである。

## ・「読者」の背後の言説

これは、読者自身に影響を与える、読者自身を取り巻く状況、環境、共同体、時代がどのような価値観・世界観を有している

## 表2 「深く読む」ことの構造2

| 対象 / 姿勢 | | テクスト内 | | テクスト外 | | | | |
| --- | --- | --- | --- | --- | --- | --- | --- | --- |
| | | 内容 | 構造 | 読者外 | | | 読者 | |
| | | | | 「読者外のエージェント」 | 「読者外のエージェント」が想定する相手 | 「読者外のエージェント」の背後の言説 | 「読者」自身 | 「読者」の背後の言説 |
| 没自己的に読む | 情報の取り出し | 1 | 2 | 3 | 4 | 5 | 6 | 7 |
| | 解釈 | 8 | 9 | 10 | 11 | 12 | 13 | 14 |
| 自己と関わらせて読む | 共感的に,同化的に読む | 15 | 16 | 17 | 18 | 19 | 20 | 21 |
| | 自分事として,真摯に向き合って読む | 22 | 23 | 24 | 25 | 26 | 27 | 28 |
| | 表現することを考えながら読む | 29 | 30 | 31 | 32 | 33 | 34 | 35 |
| | 自分の意見や感想,考えを持ちながら読む | 36 | 37 | 38 | 39 | 40 | 41 | 42 |
| | 自己変容を目指して読む | 43 | 44 | 45 | 46 | 47 | 48 | 49 |
| | 新しい発見を目指して読む | 50 | 51 | 52 | 53 | 54 | 55 | 56 |

かを対象として推論する読みである。

　以上をまとめると、**表2**のようになる。

## 第4節　「深く読む」ことの整理

　第3節までの分類では56通りと非常に多いので、いくつか
に整理してまとめることにする。

　まず**1・2**は、先述したように「浅く読む」情報の取り出し
段階の読みである。しかし、決してやさしいものではない。人
間的な推論を排除したよみでむしろ人間には難しいと言えるだ
ろう。「深く読む」を対象とする本書の調査研究では扱わない
こととする。

　次に、**3～7**である。これは、「没自己的な姿勢で」、「読者
外のエージェント」や「読者」のさまざまな対象を読むという
ものであるが、「読者外のエージェント」にしても「読者」に
しても、そういった「人格性」を帯びるものを、推論なしで（文
字通りそのまま）読むことは不可能であるので、ここでは、理
論上排除されることになる。

　次に、**8・9**である。8はテクスト内のさまざまな内容を、9
はテクスト内のさまざまな構造を、「没自己的に」推論して読
むものである。これを「深く読むⅠ」（単にⅠとするときもある。
以下同じ）とする。「深く読むⅠ」には、8にあたる、たとえ
ば文学ならば登場人物の書かれていない行動を推論したり、説
明文ならば書かれていないが容易に推論できる情報を推論した
りするよみである、深く読むⅠ-①（小学校学習指導要領「読
むことの指導事項」（以下,小・学）の低学年のア～エなど）と、

9にあたる、書かれている文章の構造、たとえば文章構成や論理、登場人物の相互関係などを読む　深く読むⅠ-③（小・学の中学年ア、ウなど）がそれぞれあてはまる。

その他に、8には、意見的な説明文で、筆者の意見は書かれていないが、そこまでの論旨から容易に推論できる意見（主張）を推論して読む深く読むⅠ-②（小・学の中学年高学年のアなど）を置きたい。深く読むⅠ-②は、深く読むⅠ-①と深く読むⅠ-③を踏まえて推論しているので、両者とは別に、また内容面なので、8にあたるものとして設定した。

次に **10 〜 12** には、「読者外のエージェント」の考えや心情の内容や構造、またそれを取り巻く言説を対象として推論するよみがあり、これを「深く読むⅡ」とする。

そのうち、10 と 11 には、「読者外のエージェント」および「読者外のエージェント」が想定した読者の心情や考えの内容を読むⅡ-①（小・学中学年イ、エなど）と「読者外のエージェント」および「読者外のエージェント」が想定した読者の心情や考えの構造（論理など）を読む深く読むⅡ-②（小・学高学年イ、エなど）を設定する。次に 12 には、「読者外のエージェント」を取り巻く状況や環境、社会や時代の価値観や世界観言説を対象として推論する読み、深く読むⅡ-③（高等学校学習指導要領「言語文化」のエや「文学国語」のオなど）を設定する。

次に **13・14** には、読者や読者を取り巻く言説を対象として読む「深く読むⅢ」を設定する。13 には、「読者」の心情や考えの内容を振り返り省察するⅢ-①（小・学のオ・カなど「考えの形成」「共有」全般）と「読者」の心情や考えの構造（論理など）を振り返り省察する深く読むⅢ-②（中村（2022）、山田・

河上（2022）など）を設定する。次に 14 には、「読者」を取り巻く状況や環境、社会や時代の価値観や世界観言説を対象として推論する読み、深く読むⅢ-③（信木（2001）、竹村（1999）など）を設定する。

　ここまでは、国語教育や文学研究などで使われ問われ育てることが期待されてきた読みであり、細分化して示すことになる。

　**15 以下**は、どのような対象にしろ、そのような姿勢で読むことができるかどうかで考えることにし、それぞれ以下のような深い読みが設定する。

- **15 〜 21**
  共感的に，同化的に読む　深く読むⅣ
- **22 〜 28**
  自分事として，真摯に向き合って読む　深く読むⅤ
- **29 〜 35**
  表現することを考えながら読む　深く読むⅥ
- **36 〜 42**
  自分の意見や感想，考えを持ちながら読む　深く読むⅦ
- **43 〜 49**
  自己変容を目指して読む　深く読むⅧ
- **50 〜 56**
  新しい発見を目指して読む　深く読むⅨ

　これらを「対象」に合わせて細分化することもできるだろうが、煩瑣になるとともに、「対象」がなんであれ上記のような「姿勢」をバランスよく身につけることが必要であるということから、まとめることとした。

## 表3 「深く読む」ことの構造3

| 対象<br>姿勢 | | テクスト内 | | テクスト外 | | | | |
|---|---|---|---|---|---|---|---|---|
| | | 内容 | 構造 | 読者外 | | | 読者 | |
| | | | | 「読者外のエージェント」 | 「読者外のエージェント」が想定する相手 | 「読者外のエージェント」の背後の言説 | 「読者」自身 | 「読者」の背後の言説 |
| 没自己的に読む | 情報の取り出し | 浅く読む | | 3 | 4 | 5 | 6 | 7 |
| | 解釈 | I−①<br>I−② | I−③ | II−①<br>II−② | II−①<br>II−② | II−③ | III−①<br>III−② | III−③ |
| 自己と関わらせて読む | 共感的に,同化的に読む | IV | | | | | | |
| | 自分事として,真摯に向き合って読む | V | | | | | | |
| | 表現することを考えながら読む | VI | | | | | | |
| | 自分の意見や感想,考えを持ちながら読む | VII | | | | | | |
| | 自己変容を目指して読む | VIII | | | | | | |
| | 新しい発見を目指して読む | IX | | | | | | |

以上を**表3**にまとめる。

最後に「深く読む」の種類ごとに、その特性を記述しておく。

## »「深く読む」ことの一覧と分類と特性

### ・深く読むⅠ

　テクスト内のさまざまな内容や構造を「没自己的に読む」姿勢で、「解釈」する（推論する）読み。PISA の「解釈」にあたる。

Ⅰ-①　文章内の情報や人物の行動を推論する

Ⅰ-②　文章に書かれている主張（意見）を、構造を踏まえて推論しする

Ⅰ-③　文章の構造（構成、論理、関係）や登場人物同士の関係など、関係や構造を推論する

### ・深く読むⅡ

　「読者外のエージェント」（ここでは、「筆者」「作者」「語り手」「登場人物」など、読者以外で「人格性」を帯びていると捉えられる対象のことを指す）の考えや心情の内容や構造、またそれを取り巻く言説を「没自己的に読む」姿勢で推論する読み。

Ⅱ-①　「読者外のエージェント」の考えや心情の内容を推論する

Ⅱ-②　「読者外のエージェント」の考えや心情の構造を推論する

Ⅱ-③　「読者外のエージェント」を取り巻く言説を対象として推論する

### ・深く読むⅢ

　読者自身の考えや心情の内容や構造、また読者を取り巻く言

説を、「没自己的に読む」姿勢で省察・推論する読み。

Ⅲ-①　「読者」自身の心情や考えの内容を振り返り省察する

Ⅲ-②　「読者」の心情や考えの構造（論理など）を振り返り
　　　省察する

Ⅲ-③　「読者」を取り巻く状況や環境、社会や時代の価値観
　　　や世界観言説を対象として推論する

・**深く読むⅣ**
　さまざまな対象に同化したり共感したりする読み

・**深く読むⅤ**
　さまざまな対象を「自分ごと」として捉える読み

・**深く読むⅥ**
　さまざまな対象（エージェント）が表現する過程を想定し、
読者自身も表現することを追体験する読み

・**深く読むⅦ**
　さまざまな対象に対して、自分の意見や感想、考えを持ち、
時には批評批判したりときには賛同したりして読む

・**深く読むⅧ**
　読むことによって自分自身の成長や変容を狙おうとする姿勢
で読む

・**深く読むⅨ**
　さまざまな対象から新しいものを発見し自分に役立てようと
して読む

## 第5節　まとめ

　本章では、「深く読む」ことについて、理論的な整理を行う

ことを目指し、「深く読む」ことを細かく分類し一覧にした上で整理した。先行研究で提案された「深く読む」ことをできるだけ網羅し一覧にすることを目指した。その意図は、国語教育においては、この幅広い「深く読む」ことをバランスよく、ときには使い分ける力が必要だと考えるからである。その点で、今後はどのような状況において、どのような読むことを発揮させるかを考える「メタ読解力(加えてメタメディア能力)」が必要になってくるだろう。

# 第 3 章

# 調査の概要

## 第1節　調査全体の概要

» **第1項　調査全体の構成**

　本書の調査は、読解調査・インタビュー（K小学校のみ）またはアンケート調査・ビデオ観察調査（K小学校のみ）から構成される。読解調査は、説明文調査と文学調査で構成される。対象学校は小規模校と中規模校とに分けられる。また、日本と台湾の小学校で調査を行う。それぞれの学校の分担は次のようになる。なおN小学校はK、S、M、X小学校と同じアンケート①を改善したアンケート（アンケート②）を再度翌年度に行っている。K小学校も翌年度アンケート②を行っている。

| | 地域 | 規模 | 調査時期 | 読解調査 | アンケートまたはインタビュー | ビデオ観察 |
|---|---|---|---|---|---|---|
| M市立<br>K小学校 | 日本 | 小規模 | 2020/11/29 | 説明文 | インタビュー①<br>（翌年度<br>アンケート②） | あり |
| M市立<br>N小学校 | 日本 | 中規模 | 2022/3/16 | 説明文 | アンケート①<br>（翌年度<br>アンケート②） | なし |
| O市立<br>S小学校 | 日本 | 小規模 | 2023/2/22 | 文学 | アンケート② | なし |
| O市立<br>M小学校 | 日本 | 中規模 | 2023/3/6 | 文学 | アンケート② | なし |
| T市立<br>X小学校 | 台湾 | 中規模 | 2023/4/19<br>～21 | 説明文 | アンケート② | なし |

　読解調査については、説明文と文学とを対象にして行うこと、そのそれぞれについて、小規模校（全校で50人以下程度）と中規模校（2～3クラス程度）とで実施するように設計した。小規模校では児童の読解行動を観察し質的な研究を行うため、中規模校では量的な研究を行うためにこのような設計にした。また、台湾の小学校（中規模校）を選び説明文調査を行った。これは、言語や文字による違いがあるかどうかを確認するためである。

　読解調査の実施方式は、中嶋・菅谷（2013）（**図1**）を踏まえ、全体をAB二つのグループに分け、最初に紙、次にデジタルを読解するAグループと最初にデジタル次に紙を読解するBグループに分けた。そのあとでインタビューやアンケート調査を行った。

　読解調査の読解対象文章は、説明文については、光村図書小学校1年生国語科教科書所収の「じどうしゃくらべ」と東京書籍小学校1年生国語科教科書所収の「いろいろなふね」とを改

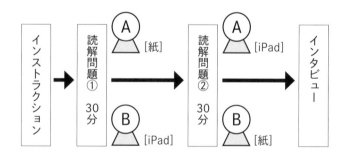

**図1　読解実験の手順（中嶋・菅谷）**

変し使用した。なお改変にあたっては、教科書著作権協会に調査使用と改変についての許諾を得ている（許諾番号 19-682）。

　小学校1年生国語科教科書所載の教材をもとにした理由は、言語的抵抗が少ない（言語的、世界的知識で左右されない）ようにし、「深く読む」力だけをみるためである。なお、説明文調査対象の2校の小学校では使用教科書が学年進行中に変更されており、また既習教材についても本調査の設問に関わる授業は行っていないことを確認している。文学については、オリジナルの作品を科研の作成チームで作成し使用した。

　読解調査問題の作成については、「深く読む」理論に基づき（第2章参照）、科学研究費のチームで共同で議論し作成した。

　調査問題の設問は「深く読む」理論に基づきながら、低学年から高学年、中学生以上のレベルの問題までを用意することとした。また読解が容易なようにふりがなをうった（台湾の場合は、低学年には注音符号を記した）。

## » 第3項　アンケート・インタビュー調査の設計と内容

　アンケート・インタビュー調査の方法については、中嶋・菅谷（2013）をもとに設計した。

　当初は、紙とデジタルの志向性の違いについてのみ行う予定であり、説明文調査の2校ではそのような調査を行った（**表1**のインタビュー①アンケート①）。しかしその後、豊福、菅谷、氏間各氏のアドバイスを受け、読書・メディア行動全般についてのアンケートを行うことにした。そのため、当初は小規模校でインタビュー、中規模校でアンケートの予定だったが、そして、実際に最初行った小規模校のK小学校ではインタビューを

行ったが、調査項目が増えたためインタビューが困難と考え、文学調査では小規模校、中規模校ともアンケート調査（アンケート②）を行った。また、説明文調査を行った2校については翌年度、アンケート調査（アンケート②）を行った。

## » 第4項　ビデオ観察の設計と内容

　ビデオ観察については、小規模校で読解行動をビデオで撮影し、読解行動（読解時の活動や読解行動時間など）を分析し考察するものである。これについては、説明文調査を行ったK小学校では行うことができたが、文学調査のS小学校では学校の都合もあり、ビデオ観察が困難であったので断念した。

## 第2節　M市立K小学校の調査の概要

　M市立K小学校は、小規模校である。全校で複式教育を行っている。広島大学附属東雲小学校が開発した「見守り型支援」を取り入れており、自学自習することが定着している。また、K小学校が位置する自治体が積極的なICT政策を実施しており、学習者一人一台のクロムブックが2020年度から配給され、強力なWi-Fiも整備され、日々の教育にIT機器が「文具」のように使われている。

　対象児童は、1年生から、また、特別支援の児童も含めて授業でも、またドリルや調べ学習でも積極的にクロムブックを使用している。

　調査は、2021年11月29日に行った。K小学校全校13名を、AB二つのグループに分け（内当日1名欠席　調査人数12名

内本調査で扱うのは通常学級在籍の 10 名）ＡＢ両グループに
調査の方法やデジタル機器の使い方を教示し、Ａには問題Ⅰを
紙で、Ｂにはデジタル機器を読ませ答えてもらう（問１問２は
デジタル画面に直接書き込み、その他は紙で回答する）。休憩
後Ａには問題Ⅱをデジタル機器でＢには紙で読ませ答えてもら
う。調査終了後グループに分けインタビューを行う。

　　読解調査の調査問題文について。**図２～５**に、読解調査の
問題Ⅰの文章と設問、問題Ⅱの文章と設問を掲げる。採点につ
いては、**表１**の基準で行った。

表１　設問の解答例と配点　合計 18.5 点

| | 点数を与える解答例 | 点数を与える解答例 | 配点 |
|---|---|---|---|
| 問い番号と「深く読む」との関連（第 2 章参照） | 問題Ⅰ | 問題Ⅱ | |
| 問一<br>（Ⅰ－③） | バスやじょうよう車は、人をのせてはこぶしごとをしています | フェリーボートは、たくさんの人とじどう車をいっしょにはこぶためのふねです | 1 |
| 問二<br>（Ⅰ－③） | 中４終× | 中２終 14 | 2 |
| 問三　記号<br>（Ⅱ－①） | イ | イ | 1 |
| 問三　記述 | ※ | ※ | 3 |
| 問四　記号<br>（Ⅱ－①） | アまたはイ | アまたはイ | 1（アは1.5） |

| 問四　記述 | ※ | ※ | 4 |
|---|---|---|---|
| 問五　記号<br>（Ⅱ－③） | イ | イ | 1 |
| 問五　記述 | ※ | ※ | 5 |

（※…記述があれば点数を与える）

（問4でアの点数が高いのは、読者意識の想定ができているのはより「深い読み」と考えたためである。宮本他（2017）を参照）

　　インタビューは、以下の項目について児童に3〜4人のグループに分けた半構造化インタビューを行った。①紙とデジタルとどちらがかんたんでしたか。それはどうしてですか。　②紙のいいところ、よくないところはどこですか　③デジタルのいいところ、よくないところはどこですか　④紙がこうなればいいなと思うところはありますか　⑤デジタルがこうなればいいなと思うところはありますか　⑥本を読むなら、紙とデジタルとどちらがいいですか。それはどうしてですか。

　　また、回答行動の観察においては、**図6**のように、12名全員に外付けのビデオカメラで撮影する（外カメラ）とともに、クロムブック内蔵の画面録画機能を使用する（内カメラ）ことで、外と内からビデオ撮影を行った。

（問題Ⅰ）じどう車くらべ

①いろいろなじどう車が、どうろをはしっています。

②それぞれのじどう車は、どんなしごとをしていますか。

③そのためにどんなつくりになっていますか。


④バスやじょうよう車は、人をのせてはこぶしごとをしています。

⑤そのために、ざせきのところが、ひろくつくってあります。

⑥そとのけしきがよく見えるように、大きなまどがたくさんあります。


⑦トラックは、にもつをはこぶしごとをしています。

⑧そのために、うんてんせきのほかは、ひろいにだいになっています。

⑨おもいにもつをのせるトラックには、タイヤがたくさんついています。


⑩クレーン車は、おもいものをつり上げるしごとをしています。

⑪そのために、じょうぶなうでが、のびたりうごいたりするように、つくってあります。

⑫車たいがかたむかないように、しっかりしたあしが、ついています。


**図2　問題Ⅰ　問題文（実際は縦書き、以下同じ）**

（問題１）「じどうしゃくらべ」の文章を読んで、あなたの考えを教えてください

問一　どうしてバスやじょうよう車は、ざせきのところがひろくつくってあるのですか。そのことがわかるところに線を引きましょう。

問二　この文章を、「はじめ」「なか」「おわり」に分けて、線で囲み「はじめ」「なか」「おわり」と書きましょう。もしないばあいは、書かなくていいです。

問三　あなたは、筆者（書いた人）がどんな気もちでこの文章を書いたか、わかりますか。次の中から選んで、○をしてください。
　　ア　わからない　　　イ　なんとなくわかる
※「イ　なんとなくわかる」を選んだ人て、どんな気持ちかわかる
　人は書いてください。


問四　筆者（書いた人）はどうして「バス・乗用車」「トラック」「クレーン車」の順番で書いたと思いますか。次の中からそうだと思うものを選んで、○をしてください。
　　ア　読む人がよく知っている順番で書いた。
　　イ　筆者（書いた人）が知らせたい順番で書いた。
　　ウ　その他　　　エ　わからない
※アやイを選んだ人て、あなたがそう思った理由が書ける人は書いてください。
　ウを選んだ人て、自分の考えが書ける人は書いてください。


問五　この文章は一年生の国語の教科書にあります。あなたは、教科書を作った人がこの文章を教科書に入れた気もちがわかりますか。次の中から選んで、○をしてください。
　　ア　わからない　　　イ　なんとなくわかる
※「イ　なんとなくわかる」と答えた人て、どんな気もちかわかる
　人は書いてください。


図3　問題１　設問

（問題Ⅱ）いろいろなふね

①ふねには、いろいろなものがあります。

②きゃくせんは、たくさんの人をはこぶためのふねです。

③このふねの中には、きゃくしつやしょくどうがあります。

④人は、きゃくしつで休んだり、しょくどうでしょくじをしたりします。

⑤フェリーボートは、たくさんの人とじどう車をいっしょにはこぶためのふねです。

⑥このふねの中には、きゃくしつや車をとめておくところがあります。

⑦人は、車をふねに入れてから、きゃくしつで休みます。

⑧ぎょせんは、さかなをとるためのふねです。

⑨このふねは、さかなのむれをみつけるきかいや、あみをつんでいます。

⑩みつけたさかなをあみでとります。

⑪しょうぼうていは、ふねの火じをけすためのふねです。

⑫このふねは、ポンプやホースをつんでいます。

⑬火じがあると、水やくすりをかけて、火をけします。

⑭いろいろなふねが、それぞれのやくめにあうようにつくられています。

図4　問題Ⅱ　問題文

（問題Ⅱ）「いろいろなふね」の文章を読んで、あなたの考えを教えてください

問一　どうしてフェリーボートには、きゃくしつや車をとめておくところがあるのですか。そのことがわかるところに線を引きましょう。

問二　この文章を、「はじめ」「なか」「おわり」に分けて、線で囲み「はじめ」「なか」「おわり」と書きましょう。もしないばあいは、書かなくていいです。

問三　あなたは、筆者（書いた人）がどんな気もちでこの文章を書いたか、わかりますか。次の中から選んで、○をしてください。
　　ア　わからない　　　イ　なんとなくわかる
※「イ　なんとなくわかる」を選んだ人で、どんな気持ちかわかる
　　人は書いてください。

問四　筆者（書いた人）はどうして「きゃくせん」「フェリーボート」「ぎょせん」「しょうぼうてい」の順番で書いたと思いますか。次の中からそうだと思うものを選んで、○をしてください。
　　ア　読む人がよく知っている順番で書いた。
　　イ　筆者（書いた人）が知らせたい順番で書いた。
　　ウ　その他　　　エ　わからない
※アやイを選んだ人で、あなたがそう思った理由が書ける人は書いてください。
　　ウを選んだ人で、自分の考えが書ける人は書いてください。

問五　この文章は一年生の国語の教科書にあります。あなたは、教科書を作った人がこの文章を教科書に入れた気もちがわかりますか。次の中から選んで、○をしてください。
　　ア　わからない　　　イ　なんとなくわかる
※「イ　なんとなくわかる」と答えた人で、どんな気もちかわかる
　　人は書いてください。

図5　問題Ⅱ　設問

**図6 撮影の様子**

## 第3節　M市立N小学校の調査の概要

　M市立N小学校は、中規模校である。全学年2学級ずつある。小学校が位置する自治体が積極的なメディア政策を実施しており、学習者一人につき一台のクロムブックが2020年度から配給されるとともに、Wi-Fiも整備され、日々の教育にデジタル機器がよく使われている。この学校での調査は、小学校を管轄する教育委員会の推薦によって行った。小学校では、デジタル機器の使用について、授業時はもちろん、持ち帰りも行っており、本調査では紙とデジタルの読解について問題ないことを確認している。

　2022年3月16日に調査を実施した。調査の方法やデジタル機器の使い方を教示した上で、読解調査の問題Ⅰ（15.5点満点）を各学年1組には紙で、各学年2組にはデジタル機器で読ませ

回答させた。休憩後、問題Ⅱ（15.5点満点）を1組にはデジタル機器で、2組には紙で読ませ回答させた（問題文、設問ともK小学校と同じ）。その後、アンケート（**表3**）に回答させ調査を終了した。なお、アンケート調査は紙で回答させた。

**表2　本調査で使用するアンケート内容**

①紙とデジタルとどちらがかんたんでしたか。次の中から選んで、○をしてください。

　ア：紙　イ：デジタル

　それはどうしてですか。わけが書ける人は書いてください

②紙のいいところ、よくないところはどこですか。

　紙のいいところ／紙のよくないところ

③デジタルのいいところ、よくないところはどこですか。

　デジタルのいいところ／デジタルのよくないところ

④紙がこうなればいいなと思うところはありますか。

⑤デジタルがこうなればいいなと思うところはありますか。

⑥本を読むなら、紙とデジタルとどちらがいいですか。次の中から選んで、○をしてください。

　ア：紙　イ：デジタル

　それはどうしてですか。わけが書ける人は書いてください

## 第4節　O市立S小学校の調査の概要

　O市立S小学校は、の小規模校である。全学年複式学級である。2023年2月22日に調査を実施した。全校17名を、AB二つのグループに分け（本調査で扱うのは通常学級在籍の16

名）ＡＢ両グループに調査の方法やデジタル機器の使い方を教示し、Ａには問題Ⅰを紙で、Ｂにはデジタル機器で読ませ答えてもらう（問１問２はデジタル画面に直接書き込み、その他は紙で回答する）。休憩後Ａには問題Ⅱをデジタル機器でＢには紙で読ませ答えてもらう。その後、アンケートに回答させ調査を終了した。なお、アンケート調査は紙で回答させた。

　読解調査の調査問題文について。**図7～11**に、読解調査の問題Ⅰの文章と設問、問題Ⅱの文章と設問、アンケート調査を掲げる。採点規準と「深く読む」の関連については**表3**参照。

表3　設問の解答例と配点　合計 22 点

| | 点数を与える解答例 | 点数を与える解答例 | 配点 |
|---|---|---|---|
| 問い番号と「深く読む」との関連（第2章参照） | 問題Ⅰ | 問題Ⅱ | |
| 問一 (Ⅰ-③) | ④⑤ | ③④ | 2 |
| 問二 (Ⅰ-①) | ア | イ | 2 |
| 問三　記号 (Ⅳ) | イ | イ | 1 |
| 問三　記述 (Ⅳ) | ※ | ※ | 書いていれば1点・設問の趣旨に合っていれば3点 |
| 問四　記号 (Ⅲ・Ⅴ) | ア | ア | 1 |
| 問四　記述 (Ⅲ・Ⅴ) | ※ | ※ | 書いていれば1点・設問の趣旨に合っていれば3点 |

| 問五 (Ⅶ) | ※ | ※ | 書いていれば1点・設問の趣旨に合っていれば4点 |
|---|---|---|---|
| 問六 記号 (Ⅱ-③) | イ | イ | 1 |
| 問六 記述 (Ⅱ-③) | ※ | ※ | 書いていれば1点・設問の趣旨に合っていれば5点 |

「らいおんのきょうだい」

①ある夏の暑い日、二頭の兄弟らいおんが、ふらふらになりながら広い砂地を歩いていました。二頭は、前の晩からずっと、川をさがして歩いています。

「ああ、もう歩けない。いったい、川はどこにあるの。」

②弟らいおんは、なみだをぽたん、とひとつおとしました。 なみだはすっと砂にしみいりました。

きっと、あるよ。

そう言うと、いつもしてくれるように、せなかを鼻でやさしくなてました。すこしだけ、ほっとしました。

③でも、やっぱりおなかはすいています。のどもかわいています。

「川がなかったらどうするの！にいさんについてこなきゃよかった！」

とうとう口にしてしまいました。すぐに、しまった、と思いました。

④兄らいおんは、しずかに空を見上げました。おひさまは高く高くのぼっています。弟らいおんはうつむいたままです。言わなければと思うことが言えないままです。

⑤どれくらいたったでしょう。しばらくして、西の方から風がふきました。

「川はあるよ。」

兄らいおんは、また、鼻でやさしくなてはじめました。

「本当（ほんとう）に？」

「本当（ほんとう）に。」

⑥二頭の兄弟らいおんは、また、歩きだしました。

図7　問題Ⅰ　問題文

## 「二ひきのくま」

①ある秋の日に、くまのマルは、ともだちのくまのクウとどんぐり
ひろいにやってきました。

「どうして、赤や黄色の葉っぱがあるの？」

「ふゆになるからだよ。」

「ふゆってなに？」

「ふゆはしずかで、くらくて。でも、本当はよくわからないんだ。」

②クウは、かごに手を入れて、コロコロとどんぐりをかき混ぜてい
ます。マルはびっくりしました。

「クウでも知らないことがあるんだなあ。」

マルはなんだかうれしくなってそう言いました。

③クウは、どんぐりを一つ、マルの手のひらに乗せました。大きな
ピカピカのどんぐりです。どうして、これをくれるのだろうと、
マルはふしぎに思いました。

④だいぶ山を登ってきました。かごには、どんぐりがぎゅうぎゅ
うです。

⑤マルはふゆのことがまだちょっぴり気になっています。

クウにたずねてみようかどうしようか、マルはにぎったどんぐり
を見つめました。

⑥クウは、落ち葉のやまにザボン、とねっころがっています。

**図8 問題Ⅱ 問題文**

（　）年（　）組（　）番　名前（　　　　　　　）

**問一**　この文章を「まえ」と「うしろ」に分けたとき、「まえ」は①からどこまでか、「うしろ」はどこから⑥までか、番号で書いてください（（①〜③）のように）。
　　まえ（①〜　　　）　うしろ（　　　〜⑥）

**問二**　「きっと、あるよ」は、だれが言ったことばですか。次の中から選んで、〇をしてください。
　　ア　兄らいおん　　イ　弟らいおん
　　ウ　ほかのらいおん　　エ　わからない

**問三**　「すぐに、しまった、」と思ったときの弟らいおんの気もちがわかりますか。次の中から選んで、〇をしてください。
　　ア　わからない　イ　なんとなくわかる
※「イ　なんとなくわかる」を選んだ人で、どんな気もちかわかる
　人は書いてください。

**問四**　あなたは、この文章を読んで「それ、わかるなあ！」と思ったところはありますか。次の中から選んで、〇をしてください
　　ア　ある　イ　ない
※アを選んだ人で、そう思った理由が書ける人は書いてください。

**問五**　弟らいおんは「言わなければと思うことが言えないままです」とあります。もし、弟らいおんに「言わなければと思うことは言えないままでいいよ」と言うとしたら、どんな理由をつけますか。（　　）に書いてください。
　　言わなければと思うことは言えないままでいいよ　だって
　　（　　　　　　　　　　　　　　　　　　　　　　　　　）

**問六**　あなたは、このおはなしを書いた人の考えがわかりますか。次の中から選んで、〇をしてください。
　　ア　わからない　イ　なんとなくわかる
※「イ　なんとなくわかる」と答えた人で、どんな考えかわかる人は書いてください。

**図9　問題Ⅰ　設問**

（　）年（　）組（　）番　名前（　　　　　　　）

**問一**　この文章を「まえ」と「うしろ」に分けたとき、「まえ」は①からどこまでか、「うしろ」はどこから⑥までか、番号で書いてください（（①～③）のように）。

　　まえ（①～　　　）　うしろ（　　　～⑥）

**問二**　「どうして、赤や黄色の葉っぱがあるの?」は、だれが言ったことばですか。次の中から選んで、○をしてください。
　　ア　クウ　　イ　マル　　ウ　ほかのくま　　エ　わからない

**問三**　「なんだかうれしく」なったときのマルの気もちがわかりますか。次の中から選んで、○をしてください。
　　ア　わからない　　イ　なんとなくわかる
※「イ　なんとなくわかる」を選んだ人で、どんな気もちかわかる人は書いてください

**問四**　あなたは、この文章を読んで「それ、わかるなあ!」と思ったところはありますか。次の中から選んで、○をしてください。
　　ア　ある　　イ　ない
※アを選んだ人で、そう思った理由が書ける人は書いてください。

**問五**　「クウにたずねてみようかどうしようか、マルはにぎったどんぐりを見つめました。」とあります。もし、マルに「たずねなくてもいいんじゃない」と言うとしたら、どんな理由
をつけますか。（　）に書いてください。
たずねなくてもいいんじゃない　だって
（　　　　　　　　　　　　　　　　　　　　　　　　　　　　）

**問六**　あなたは、このおはなしを書いた人の考えがわかりますか。次の中から選んで、○をしてください。
　　ア　わからない　　イ　なんとなくわかる
※「イ　なんとなくわかる」と答えた人で、どんな考えかわかる人は書いてください。

図 10　問題 II　設問

・デジタルで読むときはどんなもので本を読んでいますか（いくつ〇しても OK）
　　ア　パソコン　　　イ　タブレット　　　ウ　携帯
　　エ　キンドルのような読書専用の装置

・本を読むときは書き込みをしますか
　　ア　書き込みをしたいし書き込みをしている
　　イ　書き込みをしたいけれどしていない
　　ウ　書き込みはしない

・どこで本を見つけていますか（いくつ〇しても OK）
　　ア　書店　　イ　図書室（学校図書館）　　ウ　公立図書館
　　エ　ネット　　オ　ほかの人から教えてもらう
　　カ　その他（　　　　　　　）

・図書室（学校図書館）には、授業以外でどのくらい行きますか
　　ア　一日一回以上　　イ　週に一回　　ウ　月に 1〜2 回ぐらい
　　エ　年に 1〜2 回　　オ　ほとんど行かない

・公立図書館には、授業以外でどのくらい行きますか
　　ア　週に一回以上　　イ　月に 1〜2 回ぐらい
　　ウ　年に 1〜2 回　　エ　ほとんど行かない

・国語科の授業は好きですか
　　ア　好き　　イ　まあ好き　　ウ　そんなに好きではない
　　エ　好きではない

・あなたを除いて、おうちの人は本を読んでいますか
　　ア　よく読んでいる人がいる　　　　イ　時々読んでいる人がいる
　　ウ　余り読んでいるひとはいない　　エ　だれも読んでいない
　　オ　わからない

**図 11　アンケート調査**

## 第5節　O市立M小学校の調査の概要

　O市立M小学校は、中規模校である。全学年2〜3学級ある。2023年3月6日に調査を実施した。第6学年を除いた（学校の都合で第6学年には調査を行わなかった）1〜5年をAB二つのグループに分け、AB両グループに調査の方法やデジタル機器の使い方を教示し、Aには問題Iを紙で、Bにはデジタル機器で読ませ答えてもらう（問1問2はデジタル画面に直接書き込み、その他は紙で回答する）。休憩後Aには問題IIをデジタル機器でBには紙で読ませ答えてもらう。その後、アンケートに回答させ調査を終了した（問題文、設問、アンケート）ともS小学校と同じ）。なお、アンケート調査は紙で回答させた。

## 第6節　T市立X小学校の調査の概要

　T市立X小学校は、中規模校である。クロムブックを一人一台使用している。

　調査は、2023年4月19日〜21日に調査を実施した。なお、小学校2年生は学校の都合で調査を行わなかった。調査の方法やデジタル機器の使い方を教示した上で、各学年（2年生除く）をAとBに分け、読解調査の問題Iを各学年Aには紙で、各学年Bにはデジタル機器で読ませ紙で回答させた。休憩後、問題IIをAにはデジタル機器で、Bには紙で読ませ回答させた。調査問題と設問図12〜15は、日本の説明文調査で行ったものを翻訳し、ネイティブチェック（研究協力者の余による）して確定した。

その後、アンケート（図16）に回答させ調査を終了した。なお、アンケート調査は紙で回答させた。

---

**文章一：車子比一比**

(1)我們常常看到各種車輛在道路上行駛。
(2)這些各式各樣的車子分別有怎樣的任務呢？
(3)它們為了達成任務，又有那些地方會不一樣呢？
(4)公車、小客車的工作是載著人移動。
(5)所以它們的座位會比較寬敞。
(6)為了讓我們看清楚外面的景色，車上會有很多大大的窗戶。
(7)卡車的工作是裝載貨物。
(8)所以除了駕駛座外，還會有寬敞的置物空間。
(9)載著重物的卡車，有很多輪子。
(10)吊車的工作是吊起重物。
(11)所以有堅固而且可以伸長和移動的伸臂。
(12)此外，為了不讓車子傾斜，還有穩固的腳架。

図12　問題Ⅰ　問題文

---

**文章二：各種船**

(1)大海上有各式各樣的船在航行。
(2)客船是載運很多人的船。
(3)這種船裡面有包廂、餐廳。
(4)人們可以在包廂休息，在餐廳用餐。
(5)輪船能同時載運很多人和車子的船。
(6)這種船裡面有包廂、停車的地方。
(7)人們會先把車子停在船裡面，再到包廂休息。
(8)漁船是用來補魚的船。
(9)這種船裡面有可以找到魚群的機器和漁網。
(10)當漁夫發現魚群就會用魚網捕撈。
(11)消防艇是為了撲滅船隻失火的船。
(12)這種船裡面有幫浦、水管。
(13)當其他船發生火災時，就會用水、藥劑撲滅火勢。
(14)各種船都有符合各自任務的配備。

図13　問題Ⅱ　問題文

四、作者（寫的人）寫的時候，為什麼用「公車、小客車、卡車、吊車」這樣的順序呢？請圈出適當的答案。

回答：
A 是用讀的人比較知道的順序寫
B 是用作者（寫的人）想讓大家知道的順序寫
C 其他
D 不知道
＊圈A或B的人，請寫下你的理由。圈C的人，請寫下自己的想法。

五、這篇文章是一年級國語課本的內容。你知道製作課本的人為什麼要把這篇文章放進課本嗎？請圈出適當的答案。

回答：
A 不知道
B 好像知道
＊圈B的人，請寫下你的想法或理由。

---

問題：
一、為什麼公車、小客車的座位比較寬敞？請寫下可以從幾號的句子知道。
回答：

二、如果把這篇文章分成「開頭、中間、結尾」三段，「開頭」會是從哪裡到哪裡呢？「中間」會是從哪裡到哪裡？「結尾」會是從哪裡到哪裡？請用每個句子的號碼填寫，像是（(1)—(3)）。如果沒有，就填寫（沒有）。

回答：
開頭（　　　　　）
中間（　　　　　）
結尾（　　　　　）

三、你知道作者（寫的人）是用怎樣的心情或是想法寫出這篇文章嗎？請圈出適當的答案。

回答：
A 不知道
B 好像知道
＊圈B的人，請寫出作者是用怎樣的心情或想法。

図 14　問題 I　設問

四、作者（寫的人）寫的時候，為什麼用「客船、輪船、漁船、消防艇」
　　這樣的順序呢？請圈出適當的答案。

　　回答：
　　A 是用讀的人比較知道的順序寫
　　B 是用作者（寫的人）想讓大家知道的順序寫
　　C 其他
　　D 不知道
　　＊圈 A 或 B 的人，請寫下你的理由。圈 C 的人，請寫下自己的想法。

五、這篇文章是一年級國語課本的內容。你知道製作課本的人為什麼要
　　把這篇文章放進課本嗎？請圈出適當的答案。

　　回答：
　　A 不知道
　　B 好像知道
　　＊圈 B 的人，請寫下你的想法或理由。

---

問題：
一、為什麼輪船裡面有包廂、停車的地方？請寫下可以從幾號句子知道。
　　回答：

二、如果把這篇文章分成「開頭、中間、結尾」三段，「開頭」會是從哪
　　裡到哪裡呢？「中間」會是從哪裡到哪裡？「結尾」會是從哪裡到哪裡？
　　請用每個句子的號碼填寫，像是（(1)—(3)）。如果沒有，就填寫（沒有）。

　　回答：
　　開頭（　　　　　）
　　中間（　　　　　）
　　結尾（　　　　　）

三、你知道作者（寫的人）是用怎樣的心情或是想法寫出這篇文章嗎？
　　請圈出適當的答案。

　　回答：
　　A 不知道
　　B 好像知道
　　＊圈 B 的人，請寫出作者是用怎樣的心情或想法。

**図 15　問題 II　設問**

図 16　アンケート

【問卷】 ___年 ___班 ___號　 姓名：

1. 紙張跟平板，用哪一種方式閱讀比較簡單呢？請從下方圈出自己的
   答案。
   A）紙張　　B）平板
   ※ 為什麼呢？知道原因的人，請寫出來。

2. 如果想看書，你覺得紙張跟平板，哪一種方式比較好呢？請從下方
   圈出自己的答案。
   A）紙張　　B）平板
   ※ 為什麼呢？知道原因的人，請寫出來。

3. 你喜歡看書嗎？請從下方圈出自己的答案。
   A）喜歡　　B）還算喜歡　　　C）沒有那麼喜歡
   D）不喜歡

4. 多久會看書呢？
   A）一星期 2 本以上　　B）一星期 1 本左右
   C）一個月 2 本左右　　D）一個月 1 本左右　　E）幾乎沒看

5. 看書時，通常都用什麼方式看呢？
   A）用紙的書看　　　　B）用電子設備（電腦、平板、手機等）看
   C）用紙的書跟電子設備看書　　D）一個月 1 本左右
   E）幾乎沒看

6. 看書時，大約會看多久呢？
   A）2 小時以上　　B）1-2 小時
   C）30-1 小時　　D）30 分以下

7. 看書時都會看哪種書呢（圈幾個都可以）？
　A）小說、故事　　B）漫畫　　C）傳記、說明類的書
　D）百科全書　　E）其他（　　　　　　）

8. 用電子設備看書時，通常是用哪種方式看書呢（圈幾個都可以）？
　A）電腦　B）平板　C）手機
　D）可以看電子書的那種設備

9. 看書時會在書裡面寫字嗎？
　A）想寫，也有寫　　B）想寫，但是沒有寫　　C）沒有寫

10. 通常會在哪裡找書（圈幾個都可以）？
　A）書店　　B）學校圖書室　　C）外面的圖書館
　D）網路　　E）聽其他人說　　F）其他（　　　　　　）

11. 上課以外的時間也會去學校的圖書室嗎？
　A）一天一次　　　　　　B）一星期一次
　C）一個月 1-2 次左右　　D）一年 1-2 次
　E）幾乎不去

12. 上課以外的時間也會去學校外面的圖書館嗎？
　A）一星期一次以上　　B）一個月 1-2 次左右
　C）一年 1-2 次　　　　D）幾乎不去

13. 喜歡國語課嗎？
　A）喜歡　　B）還算喜歡　　C）沒有那麼喜歡　　D）不喜歡

14. 除了你之外，家裡的人會看書嗎？
　A）有家人常常看書　　B）有家人有時候會看書
　C）家人不太看書　　　D）家人都不看書
　E）不知道

# 第 **4** 章

## 紙とデジタルの
## 比較読解調査の結果

本章では、各校における、紙とデジタルの読解調査の比較を行う。それぞれの学校において、紙とデジタルとで読解に違いがあったか、また学年段階において違いがあるか見ていく。

## 第 1 節　K 小学校

まず、児童 10 名全体の読解調査の結果を示す。

表 1　読解調査の結果（全体）

| | 平均（15.5 満点） | 正解率（%） |
|---|---|---|
| 紙 | 10.2 | 55.1 |
| デジタル | 9.0 | 48.4 |

次に、上下学年別の正解率の結果を**表 2** に示す。

表 2　上下学年における読解調査の結果（正解率）

| | 下学年 6 名（%） | 上学年 4 名（%） |
|---|---|---|
| 紙 | 31.1 | 91.2 |
| デジタル | 14.9 | 98.6 |

**表 1** のように、全体では紙のほうが高く、**表 2** のように、下学年では紙、上学年ではデジタルが高かった。人数が少ないため統計的検定は行っていない。

次に、設問ごとの正解率をみる（**表 3**）。

表3　設問ごとの平均点（15.5点満点）

| | | 問一 | 問二 | 問三記号 | 問三記述 | 問四記号 | 問四記述 | 問五記号 | 問五記述 |
|---|---|---|---|---|---|---|---|---|---|
| 満点 | | 1 | 2 | 1 | 3 | 1.5 | 4 | 1 | 5 |
| 下学年 | 紙 | 0.7 | 1.8 | 0.3 | 0.5 | 0.8 | 0.7 | 0.2 | 0.8 |
| | デジタル | 0.3 | 1.0 | 0.2 | 0.5 | 0.8 | 0.0 | 0.0 | 0.0 |
| 上学年 | 紙 | 0.8 | 1.8 | 0.8 | 2.3 | 1.4 | 4.0 | 1.0 | 5.0 |
| | デジタル | 1.0 | 2.0 | 1.0 | 3.0 | 1.3 | 4.0 | 1.0 | 5.0 |

　設問ごとに見ると、下学年では全体に紙のほうが高く、上学年では問四の記号を除いてデジタルが高いか同じである。また後半の問題で下学年と上学年の差が大きかった。しかし、設問ごとに紙とデジタルでの差に大きな違いはなかった。

## 第2節　N小学校

　まず、全体283名の読解調査の結果を示す。

表4　読解調査の結果（全体）

| 283人 | 平均（15.5満点） | 正解率（%） |
|---|---|---|
| 紙 | 7.3 | 39.4 |
| デジタル | 7.2 | 39.1 |

　次に、低中高学年別の正解率の結果を**表5**に示す。

表5　低中高における読解調査の結果

|  | 低学年 102名（%） | 中学年 87名（%） | 高学年 93名（%） |
|---|---|---|---|
| 紙 | 28.5 | 55.4 | 59.7 |
| デジタル | 26.2 | 52.0 | 64.0 |

　表4のように、全体では紙のほうがわずかに高く、表5のように低中学年では紙、高学年ではデジタルが高かった。ただしいずれも統計的な有意差はなかった。

　次に、設問ごとの正解率をみる（表6）。

表6　設問ごとの平均点（15.5点満点）

|  |  | 問一 | 問二 | 問三記号 | 問三記述 | 問四記号 | 問四記述 | 問五記号 | 問五記述 |
|---|---|---|---|---|---|---|---|---|---|
| 満点 |  | 1 | 2 | 1 | 3 | 1.5 | 4 | 1 | 5 |
| 低学年 | 紙 | 0.3 | 0.7 | 0.6 | 0.6 | 0.5 | 0.5 | 0.3 | 0.8 |
|  | デジタル | 0.4 | 0.6 | 0.5 | 0.7 | 0.4 | 0.4 | 0.3 | 0.6 |
| 中学年 | 紙 | 0.5 | 1.2 | 0.5 | 1.3 | 0.8 | 1.3 | 0.5 | 1.4 |
|  | デジタル | 0.5 | 1.2 | 0.4 | 1.1 | 0.7 | 1.1 | 0.5 | 1.4 |
| 高学年 | 紙 | 0.6 | 1.3 | 0.5 | 1.4 | 0.8 | 1.6 | 0.5 | 1.4 |
|  | デジタル | 0.6 | 1.3 | 0.5 | 1.4 | 0.9 | 1.8 | 0.6 | 1.6 |

　設問ごとに見ると、すべての学年段階において、紙とデジタルは拮抗しているが、高学年では問四以後の問題ですべてデジ

タルが高い。ただし、統計的な有意差はすべてなかった。

## 第3節　S小学校

まず、全児童16名全体の読解調査の結果を示す。

表7　読解調査の結果（全体）

| 16人 | 平均（22点満点） | 正解率（%） |
|---|---|---|
| 紙 | 7.9 | 35.8 |
| デジタル | 10.9 | 49.7 |

次に、上下学年別の正解率の結果を**表8**に示す。

表8　上下学年における読解調査の結果

| 16人<br>正解率 | 下学年6名（%） | 上学年10名（%） |
|---|---|---|
| 紙 | 14.4 | 48.6 |
| デジタル | 28.0 | 62.7 |

**表7表8**のように、全体でも、上下学年ともデジタルが高く、上学年ではわずかに差が開いた。人数が少ないため統計的検定は行っていない。

次に、設問ごとの正解率をみる（**表9**）。

表9　設問ごとの平均点（22点満点）

| | | 問一 | 問二 | 問三記号 | 問三記述 | 問四記号 | 問四記述 | 問五記述 | 問六記号 | 問六記述 |
|---|---|---|---|---|---|---|---|---|---|---|
| 満点 | | 2 | 2 | 1 | 3 | 1 | 3 | 4 | 1 | 5 |
| 下学年 | 紙 | 0.3 | 0.7 | 0.5 | 0.2 | 0.5 | 0.2 | 0.3 | 0.3 | 0.2 |
| | デジタル | 0.7 | 0.7 | 0.8 | 1.2 | 0.5 | 0.7 | 1.2 | 0.3 | 0.2 |
| 上学年 | 紙 | 0.8 | 1.4 | 0.7 | 1.3 | 0.7 | 1.9 | 2.7 | 0.2 | 1.0 |
| | デジタル | 1.0 | 1.8 | 0.9 | 2.1 | 0.7 | 1.7 | 3.2 | 0.6 | 1.8 |

　設問ごとに見ると、ほぼすべてでデジタルが高いか同じだった。上学年では、問四記述がわずかに紙のほうが高かった。しかし、設問ごとに紙とデジタルでの差に大きな違いはなかった。

## 第4節　M小学校

　まず、全体542名の読解調査の結果を示す。

表10　読解調査の結果（全体）

| 542人 | 平均（22点満点） | 正解率（%） |
|---|---|---|
| 紙 | 6.4 | 28.9 |
| デジタル | 6.3 | 28.5 |

　次に、上下学年別の正解率の結果を**表11**に示す。（なお、6年生は調査していない）

表 11　上下学年における読解調査の結果（正解率）

|  | 下学年 321 名 （%） | 上学年 221 名（%） |
|---|---|---|
| 紙 | 24.3 | 35.6 |
| デジタル | 22.8 | 36.7 |

　表 10 のように全体ではわずかに紙が高く、表 11 のように、下学年では紙、上学年ではデジタルがわずかに高かった。ただしいずれも統計的な有意差はなかった。

　次に、設問ごとの正解率をみる（表 12）。

表 12　設問ごとの平均点（22 点満点）

|  |  | 問一 | 問二 | 問三記号 | 問三記述 | 問四記号 | 問四記述 | 問五記述 | 問六記号 | 問六記述 |
|---|---|---|---|---|---|---|---|---|---|---|
| 満点 |  | 2 | 2 | 1 | 3 | 1 | 3 | 4 | 1 | 5 |
| 下学年 | 紙 | 0.4 | 1.3 | 0.6 | 0.7 | 0.4 | 0.5 | 1.0 | 0.3 | 0.4 |
| 下学年 | デジタル | 0.6 | 1.3 | 0.4 | 0.6 | 0.3 | 0.4 | 1.0 | 0.2 | 0.2 |
| 上学年 | 紙 | 0.9 | 1.5 | 0.7 | 1.2 | 0.4 | 0.8 | 1.4 | 0.4 | 0.5 |
| 上学年 | デジタル | 0.9 | 1.4 | 0.7 | 1.3 | 0.5 | 0.9 | 1.5 | 0.4 | 0.6 |

　設問ごとに見ると、下学年ではほぼ紙のほうが高く、上学年では問三記述以後の問題でデジタルが高いが、わずかな差であ

り、統計的な有意差はすべてなかった。

## 第5節　X小学校

まず、全体449名の読解調査の結果を示す。

表13　読解調査の結果（全体）

|  | 平均（15.5満点） | 正解率（%） |
| --- | --- | --- |
| 紙 | 4.7 | 25.4 |
| デジタル | 4.9 | 26.7 |

　次に、上下学年別の正解率の結果を**表14**に示す（なお、2年生は調査していない）。

表14　上下学年における読解調査の結果（正解率）

|  | 下学年190名（%） | 上学年259名（%） |
| --- | --- | --- |
| 紙 | 15.2 | 32.8 |
| デジタル | 15.4 | 35.1 |

　**表13表14**のように、全体でも、上下学年ともデジタルが高く、上学年では差が開いた。ただし、統計的な有意差はなかった。

　次に、設問ごとの正解率をみる（**表15**）。

表15 設問ごとの平均点（15.5点満点）

| | | 問一 | 問二 | 問三 記号 | 問三 記述 | 問四 記号 | 問四 記述 | 問五 記号 | 問五 記述 |
|---|---|---|---|---|---|---|---|---|---|
| 満点 | | 1 | 2 | 1 | 3 | 1.5 | 4 | 1 | 5 |
| 下学年 | 紙 | 0.3 | 0.2 | 0.2 | 0.4 | 0.2 | 0.6 | 0.2 | 0.7 |
| 下学年 | デジタル | 0.4 | 0.3 | 0.2 | 0.4 | 0.2 | 0.7 | 0.2 | 0.6 |
| 上学年 | 紙 | 0.5 | 0.9 | 0.3 | 0.8 | 0.3 | 1.3 | 0.4 | 1.8 |
| 上学年 | デジタル | 0.5 | 0.8 | 0.3 | 0.8 | 0.4 | 1.5 | 0.4 | 2.0 |

　設問ごとに見ると、ほぼすべてでデジタルが高いか同じだった。統計的な有意差はなかった。

## 第6節　まとめ

　紙とデジタルの全体の比較では、統計的な分析ができる調査では、統計的な有意差のある差はなかった。また、上下・低中高という学年段階で区切っても、紙とデジタルでは統計的な有意差のある差はなかった。設問ごとの平均点も紙とデジタルでは統計的な有意差のある差はなかった。

　全体の結論として、「深く読む」ことにおいても、小学校段階では、紙とデジタルとの間に読解調査における差はなかったということができる。

　学年進行で見た場合、学年が上がるにつれ、デジタルの点数が紙と逆転したり差を広げたりする傾向がすべての学校で見ら

れた。このことは、学年が上がるにつれデジタルでの読解が紙
での読解よりも容易になる可能性があることを示唆している。

# 第5章

# インタビュー・
# アンケート調査の結果

## 第1節 インタビュー調査の結果（K小学校）

　インタビューの中から、「紙とデジタルとどちらがかんたんでしたか」「本を読むなら、紙とデジタルとどちらがいいですか」に該当する発話を抽出した。結果は以下の通りである（特別支援学級の児童を含む）。

表1　（この調査で）紙とデジタルとどちらがかんたんでしたか

| ％（12名） | 全体 | 下学年 | 上学年 |
|---|---|---|---|
| 紙がよかった | 75％ | 57.1％ | 100％ |
| デジタルがよかった | 16.7％ | 28.6％ | 0％ |
| どちらでもない | 8.3％ | 14.3％ | 0％ |

表2　本を読むなら、紙とデジタルとどちらがいいですか

| ％（12名） | 全体 | 下学年 | 上学年 |
|---|---|---|---|
| 紙がよかった | 66.7％ | 42.9％ | 100％ |
| デジタルがよかった | 25.0％ | 42.9％ | 0％ |
| どちらでもない | 8.3％ | 14.3％ | 0％ |

　表1表2の結果から、全体では、調査についても読書についても紙が多く、上学年はどちらも全員が、紙がいいと答え、下学年ではデジタルが一定数おり、読書については紙とデジタ

ルが同数であった。

　次に、以下の質問についての児童の発話記録を分類しまとめた（**表3**）。「紙のいいところ、よくないところはどこですか」「デジタルのいいところ、よくないところはどこですか」「紙がこうなればいいなと思うところはありますか」「デジタルがこうなればいいなと思うところはありますか」「読むなら、紙とデジタルとどちらがいいですか。それはどうしてですか。」

表3　発話記録のまとめ

| 紙のいいところ | 図形（線、丸など）や字がすぐに、綺麗に速く書ける |
| | 慣れている |
| | 自分の字を振り返られる |
| | 手首の運動になる |
| 紙の良くないところ | 消しにくい（力がいる、めんどう、消え残りがある） |
| | 道具の準備がいる（鉛筆など） |
| 紙がこうなったらいいなと思うところ | 音声認識 |
| | 自動で消してくれる |
| デジタルのいいところ | 消しやすい |
| | 道具がいらない（手でいい）から楽 |
| | 見やすさ（見栄え）がいい |
| | ピンチアウトができる |
| | タイピングで英語が覚えられる |
| デジタルの良くないところ | 文字や図形が綺麗に書けない |
| | タッチペンの反応がだめ |
| | パスワードがある |

| デジタルがこうなったらいいなと思うところ | 図形や文字が書きやすくなればいい（綺麗に、自動で、タッチで消すなど）<br><br>タッチペンが使いやすく（反応しやすく）なればいい |
|---|---|
| 本を読むのなら紙かデジタルかの理由 | **（デジタル派）**<br>目がちょっとだけ悪い人はアップでみる文字が見えやすい<br>クロムブック時々音声があって、音声のやつピッて押したら自動でやってくれるから。<br>**（紙派）**<br>慣れてるから<br>紙はペラペラすると、「ああ今日全部見れなかったなあ明日見よう」って楽しみがある。デジタルの場合はすぐ読んだりできるけど、紙の場合はすぐ読めない。<br>紙とか本とかだったらいつでもなんか読めたり、自分でなんか物語を味わったりできるからです。<br>だって面白いもん<br>デジタルの場合だったら、目悪くなる<br>デジタルより、こうやって持って読んだほうが、なんか自然って感じがしてから<br>デジタルで本を読んでると、なんか読んでる実感がないです<br>キャンプしながら本読んだりできるんですよ。そんときに、デジタルの場合 Wi-Fi とかが必要になって、で、でも本持っていったら普通に読めるし、あの作者が、作者さんが頑張って書いたじゃないですか、そういうのがよく伝わりやすくなるって感じがする |

| | |
|---|---|
| | 結構でっかい分厚い本があるじゃないですか……読んだら、なんか、太いけえ、結構なんか読んだ感があふれて、また読みたいなーみたいな……達成感がある |
| | 紙の方がいいです、見えやすいし。 |
| | デジタルだと全部、携帯とかだと全部こうやってページページで分けられてるじゃん……ページ数とかもどこをまた読みたいかとかも、あれどこに、あれどこにあったっけって探すのがなんかめんどくさそうだから本の方がいい |

表3の発話記録から、

○紙とデジタルの比較では「書く」「消す」ことに集中していること

○デジタルについては、「見る」（見やすさ）や可変性に言及していること

○読書については、本の「質感」や読書の「実感」について言及していること

がわかった。

　K小学校の調査では、デジタル調査の回答の一部をデジタル画面に書き込みをさせたので、「書く」「消す」といったことに言及する発言が多かったと考えられる。また、各設問の回答に重なりが多く（たとえば、きれいに書ける・見やすい（見にくい））見られた。

## 第2節 アンケート調査の結果①

　第1節のK小学校のインタビュー分析においては、各設問についての回答に重なりが多かった。そのため、第2節でのアンケート調査では、「紙とデジタルとどちらがかんたんでしたか」「本を読むなら、紙とデジタルとどちらがいいですか」についての回答と、その理由に焦点を合わせることにする。

### » 第1項　N小学校

　下記のアンケートを行った。なお、アンケート調査は紙で回答させた。

表4　本調査で使用するアンケート内容

①紙とデジタルとどちらがかんたんでしたか。次の中から選んで、○をしてください。

　ア：紙　イ：デジタル

　それはどうしてですか。わけが書ける人は書いてください

②紙のいいところ、よくないところはどこですか。

　紙のいいところ／紙のよくないところ

③デジタルのいいところ、よくないところはどこですか。

　デジタルのいいところ／デジタルのよくないところ

④紙がこうなればいいなと思うところはありますか。

⑤デジタルがこうなればいいなと思うところはありますか。

⑥本を読むなら、紙とデジタルとどちらがいいですか。次の中から選んで、○をしてください。

　ア：紙　イ：デジタル

　それはどうしてですか。わけが書ける人は書いてください

このうち本書では、①と⑥の結果に注目する（なお、すべての学校のアンケート結果の全体は難波（2024）に掲載する）。まず、選択式の回答の結果である。

表 5　紙とデジタルとどちらがかんたんでしたか。

| %（284 名） | 全体 | 下学年 | 上学年 | 低学年 | 中学年 | 高学年 |
|---|---|---|---|---|---|---|
| 紙がよかった | 50.7% | 47.5 % | 53.8 % | 44.1 % | 49.4 % | 58.9 % |
| デジタルがよかった | 47.9% | 52.5 % | 43.4 % | 55.9 % | 50.6 % | 36.8 % |
| 無回答その他 | 1.4% | 0% | 2.8% | 0% | 0% | 4.2% |

表 6　本を読むなら、紙とデジタルとどちらがいいですか。

| %（284 名） | 全体 | 下学年 | 上学年 | 低学年 | 中学年 | 高学年 |
|---|---|---|---|---|---|---|
| 紙がよい | 64.1% | 56.7 % | 71.3 % | 52.0% | 70.1% | 78.2% |
| デジタルがよい | 34.9% | 43.3 % | 26.6 % | 48.0% | 29.9% | 27.6% |
| どちらでもない | 1.0% | 0% | 1.9% | 0% | 0% | 3.4% |

　表 5 と表 6 から、両者とも、学年が上がるにつれて紙が上回る。表 6 から、読書では紙がいいという児童が低学年でも多く、その後学年が上がるにつれ増えている。

　次に、①と⑥の記述回答について分析する。手続きは以下の通りである。

(1) 各グループの出現頻度の上位語を定める。

(2) 上位語の共起ネットワークを概観する。

(3) アンケート記述内容における上位語の分析を行う。

(4) (1) ～ (3) の分析結果をまとめる。

　まとめ方としては、②と③を踏まえて、結びつきが大きいものどうしを文の形で結びつけるように表現した。

表7　アンケート内容のテキストマイニング結果

| ① | ⑥ |
|---|---|
| **(紙がいい)** | **(紙がいい)** |
| 紙は文字が見やすい | 紙は読みやすい |
| 紙は読みやすい | 文字が見やすい(見やすくできる) |
| 紙は操作しないのがいい | 紙は書きやすい |
| **(デジタルがいい)** | デジタルは読みにくい |
| デジタルは見やすい | デジタルは画面が小さい |
| デジタルは操作ができる | 紙は集中して読める |
| デジタルは話さなくても伝え合うことができる | デジタルはめくりにくい |
| | 紙は軽い／使いやすい |
| | デジタルは充電がいる |
| | デジタルは目に悪い |
| | 本は紙である |
| | 紙はどこまで読んだかわかる |
| | **(デジタルがいい)** |
| | デジタルは操作できる |
| | デジタルは見やすい |
| | デジタルは読みやすい |
| | 紙はめくりにくい |

　設問①においては、「見やすい」が上位語に入っている。また、

デジタル志向の児童は操作性を挙げている。設問⑥では、紙志向の群は「読みやすい」について述べられているとともに、「読書は紙の本で行うものである」という概念が確立しているのに対し、デジタル志向の群は操作性を挙げていることがわかる。また、めくることについては、紙デジタル両方によさとして挙げられている。

## » 第2項　S小学校

　S小学校では、第3節で説明するアンケート調査（アンケート②）を行った。その調査の中から、「紙とデジタルとどちらがかんたんでしたか」「本を読むなら、紙とデジタルとどちらがいいですか」についての回答と、その理由に焦点を合わせてここで示す。

表8　紙とデジタルとどちらがかんたんでしたか。

| ％（16名） | 全体 | 下学年 | 上学年 |
|---|---|---|---|
| 紙がよかった | 31.3% | 33.3 % | 30.0 % |
| デジタルがよかった | 68.8% | 66.7% | 70.0 % |
| 無回答　その他 | 0% | 0% | 0% |

表9　⑥本を読むなら、紙とデジタルとどちらがいいですか。

| ％（16名） | 全体 | 下学年 | 上学年 |
|---|---|---|---|
| 紙がよい | 68.8% | 50.0 % | 80.0% |
| デジタルがよい | 31.3% | 50.0% | 20.0 % |
| どちらでもない | 0% | 0% | 0% |

表8からは、S小学校では調査についてはデジタル志向が強いことがわかる。一方で、表9からは、読書では紙志向の児童が低学年でもデジタル志向の児童と同数おり、高学年では紙志向が強くなることがわかる。

次に、①と⑥の記述回答について分析する。記述回答は以下の通りである。

---

**紙とデジタルとどちらがかんたんでしたか**

（紙がよかった）

いちようメモがとれる。かみならよんでおわりだから。デジタルは一回一回ひらいたりしないといけないから。みやすい。デジタルだと問題文が小さかったりで見にくかったから。

（デジタルがよかった）

小さいから。がめんがちかずけるから。やりやすかった。気持ちがあまり分からなかったから。

デジタルは文字を、アップできたりデジタルの方がやる気が出た。字のまちがいや漢字がかんたんにへんかんできるから。クマの気持ちが分かりやすかった。

**本を読むなら紙とデジタルとどちらがいいですか**

（紙がよい）

ぺえじがあるから。本いうイメージが強いから。かみの本はいつもよんでいるから。

デジタルはあまりけいけんがないから。本は紙で読みたいし、デジタルだと目が悪くなるから。

自分のペースで読めるから。目にやさしいから

（デジタルがよい）

---

おすだけだからです。おおきくできるから。本をめくったりした時紙だと車に乗ってる時に読みにくい。見にくいもじなどを、拡大できるから。

設問①においては、紙志向の児童で「見やすい」という記述がある一方で、注目するべきは、デジタル志向の児童で、「気持ちがわかりやすい」という回答があることである。設問⑥では、紙志向の児童は、慣れや目について記述し、デジタル志向の群は操作性を挙げている。

## » 第3項　M小学校

M小学校でも、第3節で説明するアンケート調査を行った。その調査の中から、「紙とデジタルとどちらがかんたんでしたか」「本を読むなら、紙とデジタルとどちらがいいですか」についての回答と、その理由に焦点を合わせることにする。なお、6年生は調査をしていない。

表10　紙とデジタルとどちらがかんたんでしたか。

| %（542名） | 全体 | 下学年 | 上学年 |
|---|---|---|---|
| 紙がよかった | 43.0 % | 42.1 % | 44.3 % |
| デジタルがよかった | 53.5 % | 53.9 % | 52.9 % |
| 無回答 | 3.5 % | 4.0 % | 2.7 % |

表11　本を読むなら、紙とデジタルとどちらがいいですか。

| %（542名） | 全体 | 下学年 | 上学年 |
|---|---|---|---|

| | | | |
|---|---|---|---|
| 紙がよい | 65.1 % | 63.6 % | 67.4 % |
| デジタルがよい | 31.7 % | 33.0 % | 29.9 % |
| 無回答 | 3.1 % | 3.4% | 2.7% |

　**表10**からは、M小学校では、調査についてはデジタル志向が強いことがわかる。一方で、**表11**からは、読書では紙志向の児童が低学年でも多く、高学年ではさらに紙志向が強くなることがわかる。

　次に、記述回答について分析する。手続きは以下の通りである。

(1) 各グループの出現頻度の上位語を定める。

(2) 上位語の共起ネットワークを概観する。

(3) アンケート記述内容における上位語の分析を行う。

(4) (1) ～ (3) の分析結果をまとめる。まとめ方としては、
　　 文の形にした。

　②と③を踏まえて、結びつきが大きいものどうしを文の形で結びつけるように表現した（**表12**）。

**表12　アンケート内容のテキストマイニング結果**

| ① | ⑥ |
|---|---|
| **（紙がいい）** | **（紙がいい）** |
| 紙は見やすい | 紙は見やすい |
| 紙は読みやすい | 紙は読みやすい |
| デジタルは暗い | 紙はめくる（のがいい） |
| デジタルは消える | デジタルは読みにくい |
| 紙はメモができる／線が引ける | デジタルは目に悪い |
| ／メモが書きやすい | デジタルは充電がいる |

| （デジタルがいい） | 読書のイメージは紙 |
|---|---|
| デジタルは拡大／大きくできデ<br>ジタルは見やすい | 紙は簡単に読める |
| | 紙は読んでいる場所がわかる |
| デジタルは読みやすい | デジタルはめくりづらい |
| 紙は飛ぶ | 紙は持ちやすい |
| デジタルは色がある | 紙は栞がつかえる |
| ジタルは奇麗 | （デジタルがいい） |
| | デジタルは拡大ができる |
| | デジタルは読みやすい |
| | デジタルはわかりやすい |
| | デジタルはページがめくれる |
| | デジタルは奇麗 |
| | デジタルは本が選べる |

　設問①においては、「見やすい」「読みやすい」が上位語に入っている。また、デジタル志向の児童は操作性や色を挙げている。設問⑥では、紙志向の群は「読みやすい」について述べられているとともに、「読書は紙の本で行うものである」という概念が確立しているのに対し、デジタル志向の群は操作性を挙げていることがわかる。また、めくることについては、紙デジタル両方によさとして挙げられている。

## » 第4項　X小学校

　X小学校でも、第3節で説明するアンケート調査を行った。その調査の中から、「紙とデジタルとどちらがかんたんでしたか」「本を読むなら、紙とデジタルとどちらがいいですか」についての回答と、その理由に焦点を合わせることにする。なお、2年生は調査をしていない。

表 13 　①　紙とデジタルとどちらがかんたんでしたか。

| %（449 名） | 全体 | 下学年 | 上学年 |
|---|---|---|---|
| 紙がよかった | 30.3% | 28.4 % | 31.7 % |
| デジタルがよかった | 64.1% | 67.4% | 61.8 % |
| 無回答 | 5.6 % | 4.2% | 6.5 % |

表 14 　⑥　本を読むなら、紙とデジタルとどちらがいいですか。

| %（449 名） | 全体 | 下学年 | 上学年 |
|---|---|---|---|
| 紙がよい | 46.1% | 47.4 % | 45.2% |
| デジタルがよい | 50.6% | 48.4% | 52.1 % |
| 無回答 | 3.3 % | 4.2% | 2.7% |

　**表 12** からは、X 小学校では、調査については、上学年でわずかに紙志向群が増えるものの、上下学年ともデジタル志向が強いことがわかる。**表 13** からは、全体にデジタル志向群が多いものの、調査よりは紙志向群が多い。

## 第 3 節　まとめ

　本章では、主に調査対象児童の「デジタル志向特性（紙がいいか、デジタルがいいか）」の調査結果を掲載した。その結果、

・調査でどちらがよかったかと本を読むならどちらがいいかを比較すると、後者が前者と比べて、すべての学校・すべての学年段階において、紙志向が高かった。この点から、同じ

児童であっても、**読書となると紙志向が強くなる傾向がわかった。**一方で、前者も後者もどちらも紙志向・デジタル志向や、前者は紙・後者はデジタル志向の児童など、**さまざまな志向性を持つ児童がいることがわかった。**

・調査については、紙志向の強い学校（K小学校）、同等の学校（N小学校・M小学校）、デジタル志向の強い学校（S小学校・X小学校）とばらつきがあった。この違いは、地域環境の違いか学校環境の違いかはわからない。また、**どの学校においても学年段階が上がると紙志向が強くなった。**

・読書については、学年段階で均衡→紙志向へと移る学校（K小学校・N小学校・S小学校）、紙志向が続く学校（M小学校）、均衡が続く学校（X小学校）と分かれた。日本の学校は学年段階が上がると紙志向が強くなる傾向があるのに対し、台湾の学校はデジタル志向がわずかに上学年でも上回った。

・記述調査については、デジタルの優位性について、デジタルで書くことを取り入れた調査を行ったK小学校は書きやすい／消しやすい、また全体でも文字の大きさが変えられるなど、**操作性**に付いての記述が多かった。

　紙の優位性については、慣れている、目に悪くない、メモが取れる、読みやすい（慣れのことか）などがあった。また、紙の**質感**（これだけ読んだ実感、めくるなど）への記述もあった。

・考えるべきこととして、文学調査を行ったS小学校で、**デジタルのほうが人物の気持ちが考えやすいと回答した児童が複数いた**（全体で16名しかいないにも関わらず）ことである。

# 第6章

## 観察調査の結果
## （K小学校）

## 第1節　回答時間の分析

本章では、K小学校における、観察調査の結果を示す。まず、回答時間の分析を行う。**表1**の時間は、「はじめ」と言われてから被調査者が解答を修正しなくなるまでの時間である。下線部は紙とデジタルのうち早いほうである。

表1　動画分析の記録

| グループ | 学年 | 分：秒<br>（紙） | 分：秒<br>（デジタル） | 差 |
|---|---|---|---|---|
| A | 1 | 12:58:00 | <u>7:20:00</u> | 5:38:00 |
| A | 2 | 7:29:00 | <u>7:00:00</u> | 0:29:00 |
| A | 3 | 11:35:00 | <u>9:57:00</u> | 1:38:00 |
| A | 3 | 9:25:00 | <u>4:56:00</u> | 4:29:00 |
| A | 4 | 14:20:00 | <u>7:17:00</u> | 7:03:00 |
| A | 5 | 14:08:00 | <u>11:49:00</u> | 2:19:00 |
| B | 1 | <u>4:52:00</u> | 11:49:00 | 6:57:00 |
| B | 3 | <u>4:05:00</u> | 9:52:00 | 5:47:00 |
| B | 6 | <u>4:56:00</u> | 14:56:00 | 10:00:00 |
| B | 5 | <u>8:44:00</u> | 12:44:00 | 4:00:00 |
| 平均 | | 9:15:12 | 9:46:00 | 0:30:48 |
| A平均 | | 11:39:10 | 8:03:10 | 3:36:00 |
| B平均 | | 5:39:15 | 12:20:15 | 6:41:00 |
| 下平均 | | 8:24:00 | 8:29:00 | 0:05:00 |
| 上平均 | | 10:32:00 | 11:41:30 | 1:09:30 |

表1から、1回目よりも2回目が速いこと（Aグループは紙が先、Bグループはデジタルが先である）ことがわかる。また、AグループよりもBグループのほうがより速くなっていること、つまり、紙→デジタルよりもデジタル→紙のほうがより速くなっていることがわかる。また、上学年のほうが下学年よりも、紙・デどちらも時間がかかっており、学年が上がるとむしろ時間が長くなることもわかった。

## 第2節　回答行動の分析

　次に、デジタルでの読解の際の回答行動を詳細に分析するために、児童の10秒ごとの行動を以下のカテゴリーに分けて分析した。分析は外カメラと内カメラの両方から行った。下記の行動のうちその10秒間で最も長い時間行動している活動を基にして、カテゴライズした（児童全体の回答行動のカテゴリーについては難波（2024）参照）。

・ 紙をみる・デジタルを見る・デジタルで書き込みをする・デジタルで消す・紙に回答する

　このような回答行動の分析を行うと、下学年に「デジタル画面で消す」に時間を多く費やす児童が複数いた。そこで、全体の回答時間のうち、デジタル画面に書いて消す時間を特に取り出し、時間の計測をした。その結果が表2である。

表2　デジタルでの操作内容

| グループ | 学年 | 全デジタル時間（概数） | デジタル操作時間 | 左の内消す時間（概数） | 全デジタル時間ー（マイナス）デジタル操作時間（概数） |
|---|---|---|---|---|---|
| A | 1 | 7:20:00 | 3:20:00 | 0:10:00 | 4:00:00 |
| B | 1 | 11:49:00 | 6:30:00 | 1:10:00 | 5:19:00 |
| A | 2 | 7:00:00 | 6:10:00 | <u>6:10:00</u> | 0:50:00 |
| A | 3 | 9:57:00 | 6:30:00 | <u>4:20:00</u> | 3:27:00 |
| A | 3 | 4:56:00 | 2:10:00 | 0:00:00 | 2:46:00 |
| B | 3 | 9:52:00 | 3:50:00 | <u>3:50:00</u> | 6:02:00 |
| A | 4 | 7:17:00 | 1:30:00 | 0:20:00 | 5:47:00 |
| B | 5 | 12:44:00 | 3:30:00 | 1:30:00 | 9:14:00 |
| A | 5 | 11:49:00 | 1:49:00 | 1:20:00 | 10:00:00（①） |
| B | 6 | 14:56:00 | 3:30:00 | 0:30:00 | 11:26:00 |
| 平均 | | 9:46:00 | 3:52:54 | 1:56:00 | 5:53:06 |
| A平均 | | 8:03:10 | 3:34:50 | 2:03:20 | 4:28:20 |
| B平均 | | 12:20:15 | 4:20:00 | 1:45:00 | 8:00:15 |
| 下平均 | | 8:29:00 | 4:45:00 | 2:36:40 | 3:44:00 |
| 上平均 | | 11:41:30 | 2:34:45 | 0:55:00 | 9:06:45 |

（①はビデオ撮影が途中で切れたため、推測の時間である）

　表2からわかるように、下学年で「デジタルで消す」時間が多い児童（下線）が6人中3人おり、いずれも回答時間のかなりの部分を費やしている。また、下学年よりも上学年のほうが、デジタル操作の時間が短く、紙を読んで回答する時間が

長かった。

## 第3節　まとめ

　観察調査についてまとめる。**表1**から、紙で読解してからデジタルで読解するほうが、時間が速くなることことがわかる。このことから、**紙で読解学習を行ったあとデジタルでの読解学習に移行するのが時間を短縮できるのではないか**（読解点数に差はなかったことは、第4章で示した）ということが示唆される。

　また、**下学年はあまり文章を読まずに回答をしている可能性があること**（**表1**）、その中でも下学年の一部の児童で、**デジタルで書いたり消したりする行動に時間を費やす児童がいること**（**表2**）がわかった。これらのことから、**下学年の一部の児童は、書いたり消したりする行動自体をデジタル機器が助長しそのために読む時間を奪っている可能性があることが示唆された**。したがって、回答行動の結果と読解調査の結果を照合する必要性があると考えた。このことは第7章で分析することにする。

# 第 7 章

## 各調査の照合

## 第1節 読解調査×回答行動×インタビュー調査
　　　　（K小学校）

　K小学校において行った、読解調査、インタビュー（「調査
で紙かデジタルか」と「読書するなら紙かデジタルか」を抽出）
および回答行動のうちのデジタル操作時間とその内のデジタル
消し時間を取り出し、**表1**にまとめた。（なお、難波（2023）
ではこの表における読解調査点数について、記述回答の点数を
すべて1に計算していたが、本書では、当初の点数（43-44ペー
ジ参照）に戻して記している）。

　デジタルで消す時間が最も長い児童2人（□で囲み）は点数
も低く、またデジタル志向性（2・2）が強かった。また、デ
ジタル志向性が強い（2・2）児童はこの2人だけであり、デ
ジタル志向性の強さが回答行動にあらわれていること、また、
読解調査の点数が高くないことがわかった。これらのことから、
**デジタル志向性性を持つことがデジタルで書いたり消したりす
る行動と関連があること、また、読解にマイナスの影響を与え
ている可能性が示唆された。**

　また、下学年で最も点数が高かったB1の児童（下線）には
特徴的な行動があった。それは、デジタルでの調査時に、調査
本文を、声に出して読んでいたのである。調査をする際音読す
ることは求めておらず、そのような指示も調査者から全くな
かった。この児童は2回目の紙の読解調査では音読しなかった。
音読をした児童はこの児童だけであった。この児童は教員の話
では読書が非常に好きな児童であるということであった。この
ことから、「音読」という行動が、読解に（特に低学年におけ

表1 読解調査、アンケート、回答行動の関係（K小学校）

| グループ | 学年 | 回答行動 | | | | 読解調査点数 | | | インタビュー | |
|---|---|---|---|---|---|---|---|---|---|---|
| | | デジタル時間（分） | デジタル操作時間（分） | 左内消し時間（分） | デジタルーデジタル操作時間（分） | 紙合計点数（18・5点満点） | デジタル合計点数（18・5点満点） | 全合計点数（37点満点） | 調査がやりやすかった（1：紙、2：デジタル） | 本を読むなら（1：紙、2：デジタル） |
| A | 1 | 7:20:00 | 3:20 | 0:10 | 4:00:00 | 3.0 | 0.0 | 3 | 1 | 1 |
| B | 1 | <u>11:49:00</u> | <u>6:30</u> | <u>1:10</u> | <u>5:19:00</u> | <u>7.0</u> | <u>7.5</u> | <u>14.5</u> | <u>1</u> | <u>2</u> |
| A | 2 | 7:00:00 | 6:10 | 6:10 | 0:50:00 | 3.0 | 1.0 | 4.0 | 2 | 2 |
| A | 3 | 9:57:00 | 6:30 | 4:20 | 3:27:00 | 3.0 | 1.0 | 4.5 | 2 | 2 |
| A | 3 | 4:56:00 | 2:10 | 0:00 | 2:46:00 | 10.5 | 3.0 | 13.5 | 1 | 3 |
| B | 3 | 9:52:00 | 3:50 | 3:50 | 6:02:00 | 8.0 | 4.0 | 12.0 | 1 | 1 |
| A | 4 | 7:17:00 | 1:30 | 0:20 | 5:47:00 | 18.5 | 18.5 | 37 | 1 | 1 |
| A | 5 | 11:49:00 | 1:49 | 1:20 | 10:00:00 | 14.5 | 18.0 | 32.5 | 1 | 1 |
| B | 5 | 12:44:00 | 3:30 | 1:30 | 9:14:00 | 16.0 | 18.0 | 34.0 | 1 | 1 |
| B | 6 | 14:56:00 | 3:30 | 0:30 | 11:26:00 | 18.5 | 18.5 | 37 | 1 | 1 |

るデジタルでの読解に）プラスの影響を与える可能性が示唆された。

## 第2節　読解調査×アンケート調査①

　前節では、デジタル志向性の強い児童が読解調査の得点が低い傾向が見られた。このことから、**児童が持つ紙かデジタルかというメディア志向の特性が、読解点数と関連がある可能性が示唆された**。そこで、本節では、読解調査と、アンケート調査の「調査で紙とデジタルとどちらがかんたんでしたか」と「本を読むなら、紙とデジタルとどちらがいいですか」との関連について、調査人数が多かった、N小学校、M小学校、X小学校の調査における分析結果をみる。

　N小学校の調査で、「紙とデジタルとどちらがかんたんでしたか」と「本を読むなら、紙とデジタルとどちらがいいですか」の回答の組み合わせを以下のグループに分類した。

W：紙・紙

X：紙・デジタル

Y：デジタル・紙

Z：デジタル・デジタル

　（なお、未回答や回答が不明確なものは除外した。）

　次に、それぞれのグループに属する児童の、紙調査とデジタル調査及び合計の読解調査の得点を学年偏差値に換算し、平均を算出した。その結果が、**表2**である。

表2　N小学校の各群の人数％・偏差値結果

|  | 人数（%） | 紙調査<br>（偏差値） | デジ調査<br>（偏差値） | 合計<br>（偏差値） |
|---|---|---|---|---|
| W | 41 | 60.3 | 56.3 | 58.5 |
| X | 10 | 50.1 | 51.5 | 50.8 |
| Y | 24 | 55.7 | 58.9 | 57.8 |
| Z | 25 | 33.9 | 33.3 | 33.5 |

　**表2**でわかるように、紙志向性の一番強いW群が、偏差値が高かった（紙調査と調査全体）。また、デジタル調査では、Y群（デジタルー紙）が最も高かった。一方、Z群（デジタルーデジタル）両方とも最も低く、この群だけが全体の偏差値の平均以下であった。また、分散分析の結果、Z群の読解調査得点が、W群とY群より有意に低かった。X群とは有意差がなかった。

　次に、M小学校の、それぞれのグループに属する児童の、紙調査とデジタル調査及び合計の読解調査の得点を学年偏差値に換算し、平均を算出した。その結果が、**表3**である。

表3　M小学校の各群の人数％・偏差値結果

|  | 人数（%） | 紙調査<br>（偏差値） | デジ調査<br>（偏差値） | 合計<br>（偏差値） |
|---|---|---|---|---|
| W | 34 | 50.3 | 50.4 | 50.4 |
| X | 11 | 49.9 | 47.5 | 48.5 |
| Y | 34 | 50.4 | 50.9 | 50.7 |
| Z | 21 | 48.9 | 49.5 | 49.2 |

全体的に統計的な有意差はなかったが、**表3**でわかるように、M小学校は、W群とT群が同じ程度に高かった。一方、X群（紙－デジタル）が低く、ついでZ群（デジタル－デジタル）が低く、両群が全体の平均以下であった。

　最後に、X小学校の、それぞれのグループに属する児童の、紙調査とデジタル調査及び合計の読解調査の得点を学年偏差値に換算し、平均を算出した。その結果が、**表4**である。

表4　S小学校の各群の人数％・偏差値結果

| | 人数（%） | 紙調査<br>（偏差値） | デジ調査<br>（偏差値） | 合計<br>（偏差値） |
|---|---|---|---|---|
| W | 21 | 52.9 | 51.9 | 52.6 |
| X | 11 | 51.6 | 53.0 | 52.5 |
| Y | 26 | 48.9 | 50.5 | 49.7 |
| Z | 42 | 48.1 | 47.0 | 47.3 |

　**表4**の結果について分散分析を行ったところ紙・デジタル・合計のすべてで1%未満の有意差があった。このことから、メディアへの志向性と読解結果とは関連性があることがわかった。

　**表4**からわかるように、W群とX群が高く、一方でZ群（デジタル－デジタル）が最も低く、全体の平均以下の児童のほとんどが含まれている。また、Zは最も多い人数を占めている。ついで低いのがY群（デジタル－紙）であった。

　以上のことから、3校を通して見たとき、デジタル志向の最も強い群（Z群）が読解点数の低い傾向にあることがわかった。

　M市立K小学校とN小学校の読解調査・インタビュー／アンケート調査終了後、アドバイザーのアドバイスを受けて、アンケートを充実させ、読書行動や読書や国語科授業の好き嫌いについても調査をすることになった。O市立S小学校、O市立M小学校、T市立X小学校は読解調査と同時に（第2節でみた「アンケート調査の結果①」は、その中の一つ目と二つ目の問いを取り出したものである）、また、M市立K小学校とN小学校とは翌年度の別日にアンケート調査を行った。

　調査項目は以下の通りである。X小学校は翻訳をし、選択肢はアルファベットにした。なお、M市立K小学校とN小学校とは翌年度に行ったため、読解調査とは一年近く空いている。これらのアンケート調査の内、分析の結果、読解調査と関連があった項目について、調査人数が多かった、N小学校、M小学校、X小学校の分析結果をみる。このアンケート調査の結果の全体は難波（2024）に掲載する。

　なお、アンケートは以下の通りである。

---

アンケート

（　　）年（　　）組（　　）番　名前（　　　　　　　　）

①紙とデジタルとどちらがかんたんでしたか。次の中から選んで〇をしてください。

　ア　紙　　　　イ　デジタル

※それはどうしてですか。わけが書ける人は書いてください；

②本を読むなら紙とデジタルとどちらがいいですか。次の中

---

から選んで○をしてください。

　ア　紙　　　　　イ　デジタル

※それはどうしてですか。わけが書ける人は書いてください

③あなたは本を読むのが好きですか。次の中から選んで○を

　してください。

　　ア　好き　　イ　まあ好き　　ウ　そんなに好きではない

　　エ　好きではない

④本はどのくらい読みますか

　　ア　週に2冊以上　　イ　週に1冊ぐらい

　　ウ　月に2冊ぐらい　エ　月に1冊ぐらい

　　オ　ほとんど読まない

⑤本を読むときは、なにで読むときが多いですか

　　ア　紙の本で読む

　　イ　デジタル（パソコンやタブレット、スマートフォンな

　　　　どの携帯）で本を読む

　　ウ　紙とデジタル両方で本を読む

⑥本を読みはじめたら、どのくらいの時間読みますか

　　ア　2時間以上　　　　イ　1〜2時間

　　ウ　30分〜1時間　　エ　30分以下

⑦本を読むときはどんな種類の本を読んでいますか（いくつ

　○しても OK）

　　ア　小説や物語　　　　　　イ　マンガ

　　ウ　ノンフィクション　　エ　図鑑

　　オ　その他（　　　　　　　　　）

⑧デジタルで読むときはどんなもので本を読んでいますか

　（いくつ○しても OK）

ア　パソコン　　イ　タブレット

　ウ　携帯（けいたい）　　　　エ　キンドルのような読書専用（どくしょせんよう）の装置（そうち）

⑨本を読むときは書（か）き込（こ）みをしますか

　ア　書（か）き込（こ）みをしたいし書（か）き込（こ）みをしている

　イ　書（か）き込（こ）みをしたいけれどしていない

　ウ　書（か）き込（こ）みはしない

⑩どこで本を見つけていますか（いくつ○しても OK）

　ア　書店（しょてん）

　イ　図書室（としょしつ）（学校図書館（がっこうとしょかん））

　ウ　公立（こうりつ）図書館

　エ　ネット

　オ　ほかの人から教えてもらう

　カ　その他（た）（　　　　　　　　）

⑪図書室（としょしつ）（学校図書館（がっこうとしょかん））には、授業（じゅぎょう）以外（いがい）でどのくらい行き

　ますか

　ア　一日一回以上（いちにちいっかいいじょう）　　イ　週（しゅう）に一回

　ウ　月（つき）に 1 〜 2 回ぐらい

　エ　年（ねん）に 1 〜 2 回　　オ　ほとんど行かない

⑫公立（こうりつ）図書館（としょかん）には、授業（じゅぎょう）以外（いがい）でどのくらい行きますか

　ア　週（しゅう）に一回以上（かい）　　イ　月（つき）に 1 〜 2 回（かい）ぐらい

　ウ　年（ねん）に 1 〜 2 回（かい）　　エ　ほとんど行かない

⑬国語科（こくごか）の授業（じゅぎょう）は好（す）きですか

　ア　好（す）き　　　　　　　　　イ　まあ好（す）き

　ウ　そんなに好（す）きではない　　エ　好（す）きではない

⑭あなたを除（のぞ）いて、おうちの人は本を読（よ）んでいますか

　ア　よく読（よ）んでいる人がいる

イ　時々読んでいる人がいる

　ウ　余り読んでいるひとはいない

　エ　だれも読んでいない

　オ　わからない

　以上のアンケートのうち、設問③、④、⑥、⑪、⑫、⑬、⑭
の結果と読解調査の結果（学年偏差値の平均）との関連をみる
（その他の設問は読解調査の結果とは関連がなかった）。

表5　読解調査×アンケート調査②　N小学校

| 記号 | 設問③ | | 設問④ | | 設問⑥ | | 設問⑪ | |
|---|---|---|---|---|---|---|---|---|
| | A B | C D | A B | C D E | A B C | D | A B | C D E |
| 紙 | 50.4* | 46.8 | 50.9* | 47.5 | 50.9* | 47.7 | 50.2 | 49.9 |
| デジ | 50.1 | 48.7 | 50.7 | 48.3 | 50.6 | 48.4 | 50.9 | 49.2 |
| 全体 | 50.3 | 47.6 | 50.8* | 47.8 | 50.7 | 48.0 | 50.6 | 49.5 |

| 記号 | 設問⑫ | | 設問⑬ | | 設問⑭ | |
|---|---|---|---|---|---|---|
| | A B | C D E | A B | C D | A B | C D E |
| 紙 | 50.3 | 49.8 | 51.0** | 46.8 | 51.9** | 46.8 |
| デジ | 49.0 | 50.8 | 50.9** | 47.2 | 51.0 | 48.4 |
| 全体 | 49.6 | 50.2 | 51.0** | 46.8 | 51.5** | 47.5 |

(** は 1 ％未満、* は 5 ％未満で有意)

表6　読解調査×アンケート調査②　M小学校

| 記号 | 設問③ | | 設問④ | | 設問⑥ | | 設問⑪ | |
|---|---|---|---|---|---|---|---|---|
| | A B | C D | A B | C D E | A B C | D | A B | C D E |
| 紙 | 51.4** | 46.0 | 51.9** | 47.2 | 51.0* | 48.7 | 51.3 | 49.5 |
| デジ | 51.0** | 47.2 | 51.7** | 47.7 | 50.9 | 48.5 | 52.0 | 49.2 |
| 全体 | 51.3** | 46.1 | 52.1** | 47.1 | 51.1** | 48.4 | 51.9** | 49.3 |

| 記号 | 設問⑫ | | 設問⑬ | | 設問⑭ | |
|---|---|---|---|---|---|---|
| | A B | C D E | A B | C D | A B | C D E |
| 紙 | 51.3 | 49.6 | 51.8** | 47.9 | 51.3** | 48.6 |
| デジ | 52.0 | 49.2 | 51.7** | 47.4 | 51.4** | 47.9 |
| 全体 | 51.9* | 49.3 | 52.0** | 47.3 | 51.6** | 48.0 |

(** は 1 ％未満、* は 5 ％未満で有意)

表7　読解調査×アンケート調査②　X小学校

|  | 設問③ | | 設問④ | | 設問⑥ | | 設問⑪ | |
|---|---|---|---|---|---|---|---|---|
| 記号 | A B | C D | A B | C D E | A B C | D | A B | C D E |
| 紙 | 51.3** | 47.6 | 51.3** | 47.8 | 51.7** | 47.8 | 50.6 | 49.8 |
| デジ | 51.2** | 47.5 | 51.3** | 47.9 | 52.0** | 47.1 | 50.0 | 50.0 |
| 全体 | 51.4** | 47.3 | 51.4** | 47.6 | 52.1** | 47.2 | 50.4 | 49.8 |

|  | 設問⑫ | | 設問⑬ | | 設問⑭ | |
|---|---|---|---|---|---|---|
| 記号 | A B | C D E | A B | C D | A B | C D E |
| 紙 | 51.6** | 49.0 | 51.4** | 48.1 | 51.7** | 47.7 |
| デジ | 51.7** | 48.7 | 51.2** | 48.5 | 52.0** | 47.1 |
| 全体 | 51.9** | 48.7 | 51.5** | 48.1 | 52.0** | 47.1 |

（** は 1 ％未満、* は 5 ％未満で有意）

　表5〜7からわかるように、日本と台湾で共通して、読解に影響を与えているアンケートの設問は、**設問③（本を読むのが好き）設問④（本はどのくらい読みますか）設問⑥（本を読みはじめたら、どのくらいの時間読みますか）設問⑬（国語科の授業は好きですか）設問⑭（あなたを除いて、おうちの人は本を読んでいますか）**であった。また、設問⑪は、M小学校の読解調査全体だけに影響があり、**設問⑫（公立図書館には、授業以外でどのくらい行きますか）**は、台湾で影響がある一方で、日本では影響はなかった。

## 第3節　まとめ

　第1節のK小学校の分析からは、デジタル志向性の強い児童

に読解点数が低い傾向が見られた。そこで、メディア志向性の特性と読解調査の点数を関連付けた分析を第2節で行った。その結果、**デジタル志向性の最も強いZ群がどの学校でも低い傾向があり、一方、紙志向性が最も強いW群が高い傾向にあった**。ただし、調査についてのメディア志向性と読書についてのメディア志向性のどちらが読解調査の点数とより関連があるかについては、各校まちまちであった。

　次に、メディア志向性以外のアンケート調査の項目では、**読解調査の点数と関連があったのは、設問③（本を読むのが好き）設問④（本はどのくらい読みますか）設問⑥（本を読みはじめたら、どのくらいの時間読みますか）設問⑬（国語科の授業は好きですか）設問⑭（あなたを除いて、おうちの人は本を読んでいますか）であった。一方で、設問⑫（公立図書館には、授業以外でどのくらい行きますか）は、台湾でのみ影響があった。**

　以上のことから、**その児童が紙志向性かデジタル志向性かというメディア志向性の違いが読解と関連すること、本についてのいくつかの行動が読解と関連することが明らかになった。**

# 第8章

# 共同研究者からの
# コメント

## 第1節　デジタル志向の強い子どもたちからみえること
　　　　　（黒川麻実）

　M市立N小学校における読解調査とアンケート回答分析におい
いて、特に注目すべき点がある。それは、N小学校の調査での、
「紙とデジタルとどちらがかんたんでしたか」と「本を読むなら、
紙とデジタルとどちらがいいですか」の回答の組み合わせにおい
て、両方を「デジタル」と答えた「デジタル志向性」の最も
強いZ群の動きである。今回分析を担当したM市立N小学校で
は、全体的にはZ群が特に偏差値が低く、回答者も多いわけで
はない。しかし、低・中・高学年と分けて見ていくと、様相が
かなり異なっていることが見えてくる。低学年ではZ群が「調
査 - 紙、読書 - 紙」志向のW群の数を越え最も多く、さらにデ
ジタル調査での偏差値もそこまで低くははない。一方、中学年
では紙調査・デジタル調査の偏差値がZ群は著しく低く、高学
年では加えて回答者も減少傾向にある。これは、「紙をベース
とした教室／学校文化の浸透」が影響していると考えられる。
この調査段階における低学年の児童は、幼児期をコロナ禍下で
過ごしたこともあり、家庭でデジタル機器に触れることが多く、
抵抗感も薄いと考えられる。しかし中学年や高学年はすでに学
校におけるさまざまな場面で「紙」媒体を用いた学習・生活を
営んでおり、紙への慣れが生じている。逆にこうした紙ベース
の教室／学校文化への抵抗感や嫌悪感がある児童が高学年にお
けるZ群であり、そう考えると高学年でZ群の偏差値が低いこ
ともうなずける。
　しかし、昨今のGIGAスクール構想によるデジタル機器の

活用が普及しつつある中、すべてがデジタル機器に置き換えられる時期はまだ先であるとするならば、しばらくは両方のデバイスをうまく使いこなす必要がある。本調査でいうところのX・Y群、すなわち紙とデジタルのハイブリット志向のある児童が今後どうなっていくのか注目すべきであろう。また本調査でのT市立X小学校のような海外での調査結果を踏まえ、日本という言語文化の中でどう援用できるのか、引き続き考え続けていきたい。

## 第2節　書籍のメディア特性と読者のメディア志向性 （菅谷克行）

　書籍のメディア特性と読者のメディア志向性に注目し、書籍メディアの違いが読解力や読書習慣に及ぼす影響と、今後の読書指導・教育の課題について指摘したい。

　まず「紙とデジタルの読解調査の比較［第4章］」より、読解テストにおいて、平均点や正答率に差異はあったものの、統計的な有意差がなかったことは、成人を対象とした先行研究の結果とも一致している。そのため、書籍メディアの違いは読解テストの結果に影響を及ぼさないと判断してもよさそうである。最近、学校教育にデジタル教科書・機器の導入が進んだが、本研究の調査結果からは、授業中の読解指導やテストにおけるデジタル書籍の利用に大きな問題はないと言えそうだ。

　ただし、本調査は（多くの先行研究も含め）正答のある問題を解くテスト形式で行った点と、読解・解答時間が30分程度の短い時間であった点には留意が必要である。文章量が多い場合や文章構造が複雑な場合など、時間をかけて何度もページ

を行き来しながら丁寧に読み進める読書もある。また、著者の考えに感心したり、立ち止まって熟考したり内省したりしながら読解することもあれば、作品中の登場人物になりきって一気に読み進める読書もある。何度も読書に没頭することにより理解が深まり、その読書体験が、読者の考え方や人生観に大きな影響を与えるような場合もある。紙ページの質感やページをめくった時の香りや音、空気感など、五感で無意識に感じた読書中の記憶も、読書体験の一つとして明確に残っていることがある。深い読解を通じた豊かな読書体験とは、このようなものも含むのではないかと思う。デジタル書籍は、どのような読書体験を促す書籍メディアになり得るのであろうか。

次に、読書への没入や没頭を考える上で、読解と書籍メディアに対する志向性の関係を分析した調査結果は、興味深いことを示している。それは、（1）読書メディアについては紙志向が高く、特に学年が上がるほどその傾向が強かったこと［第5章］、（2）読解よりもデジタル機器の操作に夢中になってしまう可能性があること［第6章］、（3）紙志向が強い群（W群）の読解偏差値が高く、デジタル志向が強い群（Z群）の読解偏差値が低いこと［第7章］の3点である。これらは、読書経験を積んだ高学年児童で読解力が高いほど紙志向が強く、紙書籍での読書の方が満足感や集中度は高い（読書に没頭できる）と感じていることを示唆している。さらに、デジタル志向が強い児童は読解偏差値が低く、一部の児童においては読解よりもデジタル機器の操作（デジタル画面に書き込んだり消したりする行為）の方に注意力が向いてしまっているように見える。つまり、デジタル機器への関心の高さが読解への集中力を阻害している

可能性も否めない。

　紙書籍は完成されたメディアであり、固定化（印刷）された文章や図表を読む、筆記用具で書き込む／消す、物質的特徴（厚み、紙質、折り曲げる等）を感じられる等のメディア特性を持っている。一方、デジタル書籍の場合は、文字や図表を拡大／縮小する等の双方向性を含んだ操作性、書籍内外へのリンクを含んだ通信性、マルチメディア（音声、画像、動画）との連携性、さまざまな機器で使用可能なマルチデバイス性等、多彩なメディア特性を備えている。日常生活におけるデジタル機器（スマートフォンやゲーム機など）の使用を通じて、これらの特性にどれくらい接触しているのか、どんな用途で利用しているのか等の影響も、読解力に関係しているかもしれない。これら、デジタル環境や特性の差異が読解力や読書習慣に影響を及ぼす可能性については、長期にわたり調査を継続し、慎重に検討を進める必要がある。

　近年、デジタル機器による文章読解の機会は確実に増えている。それと同時に、音声や動画などのマルチメディア機能を利用した理解支援教材や、音声書籍（オーディオブックなど）も広がりつつあり、多様な読書体験を可能とする書籍メディア環境が整ってきている。メディアの特性を理解し、目的や状況に応じて書籍メディアを使い分ける能力の育成が、今後の読書指導・教育には必要である。そのため、デジタル機器を教育の一手段として適用するだけでなく、読書メディアとして使いこなすための新たな読書指導法を提案することも、本研究結果が示唆する今後の重要な課題だと考える。

## 第3節　デジタルを読むことの教育の必要性（瀧口美絵）

　GIGA スクール構想による ICT 教育が本格化し、全国の児童生徒へタブレット端末の配布が終了してから、約２年が経過しようとしている。この間、ICT 教育の視点からさまざまな小学校における授業実践の観察、指導法の講義における模索を繰り返し、着実に黎明期を乗り越えようとしていると感じている。

　その状況を記録し続けながらわかってきたことは、教室や子どもの学習環境において、このことが「ICT 教育」として、すべてのコンテンツを一括りにできなくなってきていることである。

　たとえば、小学校の実践を観察していて一番使用されているのをみるのは、電子黒板である。タイマー機能、実物投影機（OHC）との接続、思考ツールを活用した共同学習の提示装置として、教室になくてはならない存在として定着している。また、タブレット端末は、話し合い活動におけるモデルの提示、録音・録画機能による学習の可視化、高学年のタイピング練習の成果による長文の文章作成の実現など、定着してきた使用機器や使われ方が精査され、細分化されてきている。

　そんな中、予想外に定着が進んでいなかったのは、国語科におけるデジタル教科書の普及である。授業の中で指導者は、OHC を使用して紙の教科書を電子黒板に写し、それを頼りに子どもたちは、紙の教科書のページに行き着く。この使用法により、ページ迷子は飛躍的に減少したが、逆にこの方法にとどまり、デジタル教科書の必要性をあまり感じていないように捉えられ、教科書をデジタルテクストで読解するという経験がと

ても少なく感じられた。

　また、それに伴ってか、タブレット端末においてデジタル書籍を読書として読み込んでいくという枠組みが浸透していないため、デジタルテキストを読む学習の機会につながりづらい状況にあると考えられる。

　今回の「紙とデジタルによる違い」に関する調査目的にある通り、現在の世界水準を踏まえ、デジタル端末を用いたデジタルテキストの読みは、確実に必要視されている。また、これまでの教育におけるコンテンツとの向き合い方から今後を見据えたコンテンツ活用を予想してみると、タブレット端末やパソコンやスマートフォンなどの機器は、どんどん入れ替わるが、デジタルテキストを読みこなさなくてはいけない状況は、確実に増すと考えられる。

　このような状況下において行われた調査から導き出された、今回の紙と比較し、デジタルテキストは読みにくいという貴重な結果は、デジタルテキストを読む学習につなげていくために、その必然性を持たせる仕組みづくりの大切さを伝えてくれているのではないだろうか。

　今回の調査により明らかになった学習者のデジタルテキストの読みから、今後の課題として提案するとするなら、以下、2点挙げられる。1点目は、日々の学習の中で、紙の読書に加えて、デジタル読書を取り入れたり、端末にデジタル書籍を加えたり、学習者が楽しみながら、主体的にデジタル読書に向かう姿勢を育成することである。2点目は、教育課程の中にデジタルテキストの読み方指導を位置づけ、子どもの発達のすじみちに合わせて段階的に習得していくことができるシステムを構築

することである。本科研が取り組んだ「深い読み」を一人ひとりの子どもに可能にするためには、書いてあることをなぞるような表面的な読みを超えて、紙のテクスト同様に読みの方略を意識させながら、子どもの読みにおけるさまざまな難しさを克服していく手立てを講じなくてはならない。克服しなければならない難しさは多様であろうが、その一つひとつを明らかにして、それらの克服のためにデジタルテクストのもたらす働きや恩恵をさらに追求していく必要があるだろう。そのような意味において、今後、学校教育の中で、一過性ではないデジタル読書の計画を立てて実施する必要があるのではないだろうか。

## 第4節　本研究が提示した学習者像（髙橋茉由）

### 1.「メディアの志向特性」という切り口で学習者を理解する

　本研究の特徴的な点は、「メディアの志向特性」に注目した点だと思われる。「メディアの志向特性」というメディアに対する学習者の主観的な「良い・悪い」という思いを調査対象に据えて調査したことで、学習者を理解する切り口が新たに生まれ、現場レベルで目の前の学習者を重層的に捉えることが可能になった。

　図に示したように、「メディアの志向特性」は、「学習者自身の価値観」や「保護者や地域の人などの周囲の人々の価値観」、「これまでの本およびデジタル機器を扱う経験・体験」が影響していると考えられる。したがって、現場の教師が「メディアの志向特性」を切り口として学習者を理解するということは、

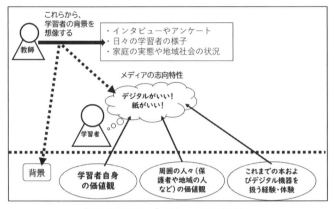

【図】学習者の「メディアの志向特性」
ならびにその背景と学習者を理解すること

表に現れていないメディアに関する学習者の背景を想像すると
いう行為であると言える。

## 2．「メディアを使用すること」と「言葉を使用すること」

　本調査を通して私は、メディアをどのように使うかについて
考えることが、言葉をどのように使うかについて考えることで
もあると改めて気づかされた。たとえば、本調査においてデジ
タルの志向特性が強い学習者のグループは、読解点数が低い傾
向であることが示された。そして、デジタルがよいと答えた学
習者はその理由に、操作性を挙げている者が多かった。この結
果から、操作した際の瞬時の反応によさを感じており、言葉の
意味を捉えたり、言葉をじっくり読んでそこから想像したりす
ることによさを感じていない学習者像が想像される。このよう
に、メディアをどのように使用するかということと、言葉を

どのように使用したいかということとは密接に関係している。日々の生活の中でも、誰（自己も含む）に対して何を使ってコミュニケーションをしたいかということは、その人の言葉に対する考え方や価値観が影響している。

## 3．「メディアの志向特性」とその背景に気づく国語科の授業を

　国語科教育は国語教育の視座から行うという視点が欠かせない。授業者は、学習者のこれまでやこれから生きる中での言葉の学習（国語教育）を想像しながら、国語科の授業（国語科教育）を構想し実践することで、学習者は自身の言葉に対する考え方やその背景にある価値観を捉え直し、新たな言葉の学習を営む。国語科の授業では、学習者が自身の言葉の使用の在り様を対象化するのと同じように、メディアの使用の在り様を対象化することが必要だと考える。

　他の教科であれば、教科の特質を学ぶためのメディアの使用方法を学ぶことを授業に組み込んでいけばよいのかもしれない。しかし国語科では、メディアの使用自体が言葉の使用と密接に関わっているため、「メディアをどのように使用し、それはどのような考えや価値観から使用しているのか」もしくは「そのようにメディアを使用しているのは、言葉をどのように使用したいと考えているのか」と、自身の考え方や価値観を問うことで、言葉に対する新たな気づきが生まれ、言葉の学習が促進されるだろう。

　そのために授業者は、学習者の「メディアの志向特性」とその背景を想像し学習者を深く理解した上で、学習者が自身の「メディアの志向特性」とその背景に気づくことができる学習活動

（言語活動）を設定することが必要ではないだろうか。

## 第5節　メディアの転換と学習内容（森美智代）

### 1.「深く読むこと」についての理論的整理について

　本研究においては、何を読むか→テクスト内か外か、どう読むか→没自己的にか自己と関わらせてか、という軸を立てて整理をした。このことは、国語教育研究の「読むこと」の教育史を整理していく上でも意味があると考える。なぜなら、これまで議論が重ねられてきたさまざまな立場を整理するために必要な論争軸を提案しているからである。読むこととは何かを述べる際、どちらかへの偏重を危惧してその逆を丁寧に主張することが多いが、全体を俯瞰する研究は少ない。本研究では、それを俯瞰する形での整理を行い、バランスよく学ぶことが重要であるという立場を採った。

### 2.読解調査の正解率について

　本研究では、「深く読むこと」に特化した実態調査のために、調査問題文や設問を選定／創作した。調査の目的は紙かデジタルかにあったが、その一方で、正解率のばらつき、特に上学年での正解率が高いとは言い難い点については、考えていく必要がある。このことは、国語教育において「深い読み」に対する議論は少なくない一方で、その実態の調査については十分に行われてこなかったこととも関連している。「浅い読み」あるいは偏重志向の下で行われる実態把握について、見直していく必

要があることを示唆しているとともに、「深い読み」の力を定着させることへの課題が顕現したものと取れる。

## ３．書く・消す／読む・見る

　下学年の一部の児童の事例から、書いたり消したりという時間によって、読む時間が奪われる可能性が示唆された。このことは、文部科学省委託業務、令和４年度「学習者用デジタル教科書の効果・影響等に関する実証研究事業」報告書において、低学年のデジタル教科書の使いやすさについて「かいたものをけしやすい」が 60.2% で最も高い割合になっている点と異なる結果となっている。おそらく、「かいたもの」が言葉や文、文章であるのか、線や記号であるのかに関連しているものと推測される。同報告書の中高学年においては、情報の集めやすさや、図や写真の見やすさでデジタル教科書のほうが使いやすいと回答しており、書き込みやすさや自分の学んだことを残すという、文や文章を書くことにおいては、紙の教科書のほうが使いやすいと回答している。

　したがって、現時点においては、文や文章を書く・消すならば紙、読む・見るならばデジタルが使いやすいことを念頭に、学習活動を構想していくことが有効であると言えそうである。

## ４．音読について

　下学年で点数が高かった児童の特徴として、調査本文を音読した点が指摘された。一方、令和４年度「学習者用デジタル教科書の効果・影響等に関する実証研究事業」報告書では、デジタル教科書の音声読み上げ機能と読み上げ箇所のハイライト

表示によって、読み飛ばしが軽減されることが提言されている。音声読み上げ機能が読解力を向上されるのかどうかについて、注視していく必要がある。今回の調査では、音声読み上げ機能については対象としていないため、今後の課題としたい。

## 5．メディアの転換と学習内容の見直し

　音声読み上げ機能のような聴覚的な学習が「読み」を支えるということであれば、音読学習は見直されていくかもしれない。しかし、自力で音読すること自体が「読み」を支えるのであれば、依然音読は重要であるということになる。かつて、「読む」ために、返り点や送り仮名、句読点（訓点）を書き込んでいた頃は、訓点は「読む」ための学習内容であった。句読点を付けることは、「書く」ことの学習内容ではなく、「読む」ことの学習内容であったのである。メディアの転換、書き言葉の転換とともに不要とされるようになった「読む」ための学習内容がある。紙からデジタルへという転換が何をもたらすのか、今後も注視していく必要がある。

# 第 9 章

## 全体のまとめと
## 今後の展望

## 第1節　全体のまとめ

　読解調査の結果（第4章）からは、量的な分析を行ったN小学校・M小学校・X小学校においては、合計においても、小問ごとにおいても、<u>統計的な有意差はなかった①</u>。また小規模校においては、全体的に紙が高い学校（K小学校）やデジタルが高い学校（S小学校）があった。また、すべての学校について、学年ごとの伸びは、紙よりもデジタルのほうが高く、<u>高学年（上学年）では、すべての学校で紙よりもデジタルが上回った②</u>。

　インタビュー・アンケート調査の結果（第5章）からは、<u>読書について紙とデジタルのどちらがいいかについて、すべての学校・すべての学年段階において、紙志向が高かった③</u>。一方で、<u>紙とデジタルについて、さまざまな志向性（メディア志向性）を持つ児童④</u>がいることがわかった。記述調査については、<u>デジタルの優位性⑤</u>について、書きやすい／消しやすい／文字の大きさが変えられるなど、<u>操作性に付いての記述</u>が多く、<u>紙の優位性⑥</u>については、<u>慣れている</u>、目に悪くない、メモが取れる、読みやすい、質感（これだけ読んだ実感、めくるなど）などがあった。文学調査を行ったS小学校では、<u>デジタルのほうが人物の気持ちが考えやすい⑦</u>と回答した児童が複数いた。

　観察調査の結果（第6章）からは、<u>紙で読解してからデジタルで読解するほうが、時間が速くなる⑧</u>ことことがわかった。また、下学年の一部で、<u>デジタルで書いたり消したりする行動に時間を費やし読むことをあまりしていない児童⑨</u>がいることがわかった。

　各調査の統合の結果（第7章）からは、<u>デジタル志向性の強</u>

い児童に読解点数が低い傾向が見られる⑩こと、デジタル志向性の最も強い群がどの学校でも読解点数が低い⑪傾向があることがわかった。また、本を読むのが好きか・本はどのくらい読みますか・本を読みはじめたら、どのくらいの時間読みますか・国語科の授業は好きですか・あなたを除いて、おうちの人は本を読んでいますか　のアンケートの調査結果は、読解調査の点数と有意な関連⑫があった。一方で、公立図書館には、授業以外でどのくらい行きますか　というアンケートの結果は、台湾でのみ影響⑬があった。

## 第2節　今後の展望

　前節のまとめ（下線部を中心に）と第8章の共同研究者のコメントを踏まえながら、今後の展望を述べる。

### 1．メディア（そのものの）特性と読むこと

　**前節①**のように、紙かデジタルかのメディア（そのものの）特性によっては読解調査結果に有意差が生じなかった。これは、菅谷氏が述べるように成人を対象とした調査と同じであった。しかも**今回の調査は、「深く読む」ことを対象とした**が、それでも有意差が生じなかった。同じ人が読むことにおいて、メディア特性には影響を受けないことが示唆される。

　一方で、**前節②**のように、すべての学校において、学年が上がると、有意差はないが紙よりもデジタルでの読解点数が高かった。このことは、**中学高校と上がるにつれて、デジタルがさらに紙よりも高くなる可能性がある**ことが示唆される。

ただし留意すべきは、現在の小学校高学年児童は、紙メディアでの教育しか受けていないことである。これについて、**菅谷氏は「読書経験を積んだ高学年児童で読解力が高いほど紙志向が強く」**なると述べている。

　以上のことから、**中学や高校においても、メディアのちがいによる比較読解調査を行う**とともに、メディア環境が刻々と変化している状況を踏まえ、**継続的な調査を行うことでの経年変化を見る**必要もあるだろう。

## ２．（児童の）メディア志向特性と読むこと

　児童には、紙かデジタルかに関わってさまざまな志向性（メディア志向特性）を持つ児童がおり（**前節④**）、デジタル志向性の強い児童に読解点数が低い傾向が見られ（**前節⑩**）、デジタル志向性の最も強い群がどの学校でも読解点数が低かった（**前節⑪**）。しかも、デジタル志向が強い児童がデジタルの読解点数が高いわけではなかった（**前節①**）。このことから、**デジタル志向特性は、読むこと／読解そのものと大きく関連していること**が推測される。

　**デジタル志向の強い児童は、「デジタル機器への関心の高さが読解への集中力を阻害している（菅谷氏）」可能性がある。**このことからも、児童のメディア志向特性は、「日常生活におけるデジタル機器（スマートフォンやゲーム機など）の使用を通じて、これらの特性にどれくらい接触しているのか、どんな用途で利用しているのか等の影響（菅谷氏）」も関係している可能性があり、さらに、「「学習者自身の価値観」や「保護者や地域の人などの周囲の人々の価値観」（髙橋氏）といった、学

習者の背景からの影響もある。加えて、高学年になれば、「**紙ベースの教室／学校文化への抵抗感や嫌悪感がある（黒川氏）**」ことの現れかもしれない。**学習者のメディア志向特性を知ることは、**その学習者の読解状況を予測できることのみならず、「**学習者を重層的に捉える**」「**新たな切り口（いずれも髙橋氏）**」となる可能性がある。

　メディア環境や生活環境が学習者のメディア志向特性にどう影響を与え、それがどう読解行動に影響を及ぼすかは、「**長期にわたり調査を継続し、慎重に検討を進める必要（菅谷氏）**」。があるだろう。

## 3．これからの読むことの教育①

　「**デジタル端末を用いたデジタルテクストの読みは、確実に必要（瀧口氏）**」となっている社会において、「**メディアを使い分ける能力（菅谷氏）**」という「**メタメディア能力**」や、「**デジタルテキストの読み方（瀧口氏）**」など、デジタルテキスト特有の読み方の能力（「**デジタル読解力**」）が必要になってくる。

　「**メタメディア能力**」については、読書は紙という先入観（**前節③**）やメディアについての意味付け（**前節⑤⑥**）を踏まえつつもそれを超えて、どのようなテキスト・状況・自身の特性ならば、どのメディアを読むために選ぶという能力である。また、「**デジタル読解力**」については、デジタルの操作に夢中になる児童の存在（**前節⑨、菅谷氏**）もあり、デジタルテキストに没頭して読むという「態度」の形成を必要があるだろう。このような、「メタメディア能力」や「デジタル読解力」を育てる教育課程を整えていく必要がある。

この際重要となるのが、児童のメディア志向特性の関わりである。さまざまな環境によって、小学校入学時には、児童は多様な**メディア志向特性**を持っている。その多様性は、デジタルメディアの登場で、従来よりもはるかに複雑になっている。「メタメディア能力」や「デジタル読解力」を育てるためには、普遍的な目標も想定してそれを目指す「教育計画」のみならず、**学習者のメディア志向特性に即した、「個別の教育支援計画」「個別の指導計画」（特別支援教育の用語だが、あえて、すべての学習者における読むこと教育に援用した）も、あらゆる学習者に必要となってくるだろう。**この指導においては、「学習者が自身の「メディアの志向特性」とその背景に気づくことができる学習活動（言語活動）を設定する（髙橋氏）」ような、**自身のメディア志向特性を認識する活動も含まれる。**これも「メタメディア能力」の一つとして考えてもよいだろう。そのためにも、**学習者のメディア志向特性を確実に捉える必要がある。**

## ４．これからの読むことの教育②およびまとめ

　３に示したような「メタメディア能力」「デジタル読解力」を育成する、読むことの教育としての「（全体）教育計画」「個別の教育支援計画」「個別の指導計画」を立てるにあたっては、**従来の「紙読解力」についても改善を余儀なくされる**だろう。森氏は「かつて、「読む」ために、返り点や送り仮名、句読点（訓点）を書き込んでいた頃は、訓点は読むための学習内容であった。**メディアの転換、書き言葉の転換とともに不要とされるようになった読むための学習内容がある**」と述べ、社会が変われば、以前あったメディアの教育も変更せざるを得なくなってい

る事実を挙げている。「**依然音読は重要である（森氏）**」とした
とき、その重要性は、デジタルメディアの登場以前と以後とで
は変わっているはずである。

　こういったことも含めて、現在行っている、紙ベースの読む
こと教育の「教育計画」を検討し、**紙とデジタルという両方の
メディアを含みこんだ、読むことの教育のための「総合的な教
育計画」を考えていく必要**があるだろう。その際、紙だけの段
階から紙とデジタル併用への段階へと以降すること（**前節⑧**）
や同じテキストを紙とデジタルで読み比べていく活動（**前節⑦**）
なども考慮に入れられるべきだろう。さらに第2章でも述べ
た「**メタ読解力**」育成も考慮に入れる必要がある。

　この「教育計画」策定においては、学校だけにとどまるもの
であってはならない。今回の調査では、**読解点数に影響を与え
ているいくつもの要因があり（前節⑬）**、読書や国語科の授業
が好きになることが重要であることが確認できたのみならず、
家庭人の読書傾向や、学校図書館（M小学校のみ）、公立図書
館の利用度（台湾のみ）が影響を与えていた。家庭の支援のあ
り方を見直すととともに、**日本における学校図書館・公立図書
館のあり方についても台湾と比較しながら考えていく必要があ
る**だろう。こういった、家庭や社会も含みこんだ、「新たな読
むことの教育計画」策定に、今後も寄与していきたいと考える。

# 参考文献

» 江﨑一紀（2018）「〈自分ごと〉認識」で読む国語科「伝記」指導の開発」『国語科学習デザイン』国語科学習デザイン学会1（1）

» 黒川麻実・佐藤宗大・篠崎祐介・髙橋茉由・難波博孝（2023 準備中）「小学校における「深く読む」ことについての紙とデジタルによる調査研究—説明的な文章の読解調査とアンケートを通して—」

» 幸坂健太郎（2015）「論説・評論を〈自分ごと〉にする国語科の読みの指導理論：学習者の読みの「構え」の形成を中心に」『国語教育思想研究』11号

» 竹村信治（1999）「教えられるが教えていいのか」『日本文学』日本文学協会48（4）

» 髙橋茉由（2021）「西郷文芸学「相変移」論の成立過程」『国語科教育』89

» 田中実（2016）「〈自己倒壊〉と〈主体〉の再構築—『美神』・「第一夜」・『高瀬舟』の多次元世界と『羅生門』のこと—」『日本文学』65（8）

» 中嶋彩菜・菅谷克行（2013）「紙媒体と電子媒体における「読み」の比較—高校現代文の読解問題を用いた実験より—」CIEC 研究会論文誌、Vol.4

» 中村昇大朗（2022）「学習者の自己探究・他者理解に培う力の育成に向けた国語科学習指導の研究 —協調学習を取り入れた文学的文章の読みに着目して—」『福岡教育大学大学院教育学研究科教職実践専攻（教職大学院）年報』12号

» 難波博孝（2023）「小学校における「深く読む」ことについての

紙とデジタルによる比較調査：質的な考察を中心に」『国語教育思想研究』31 号

» 難波博孝（2024）刊行予定「紙とデジタル比較読解調査における
アンケート観察調査の結果」『国語教育思想研究』33 号

» 難波博孝・三原市立三原小学校（2007）『PISA 型読解力にも対応
できる文学体験と対話による国語科授業づくり』明治図書出版

» 信木伸一(2001)「古文学習と言説―学習者の読みの変革に向けて」
『教育学研究紀要』中国四国教育学会　47（2）

» 福田由紀・内山和希（2015）「表示媒体は校正読みにおける誤字
脱字検出数と内容理解に影響するか？：印刷物とタブレット、パ
ソコンディスプレイの比較」法政大学文学部紀要70 巻

» 本渡葵（2013）「PISA 読解リテラシーにおける「熟考」について
の一考察」『国語教育思想研究』6 号

» 正木友則（2011）「説明的文章指導における筆者概念の検討：倉
澤栄吉の場合」『全国大学国語教育学会国語科教育研究：大会研
究発表要旨集』121（0）

» 正木友則(2012)「説明的文章指導における筆者概念の整理と検討：
秋田喜三郎の場合」『創大教育研究』

» 正木友則（2019）「「筆者」概念に着目した説明的文章の学習指導
に関する研究」広島大学　博士（教育学）論文　甲第 7816 号

» 宮本浩治・難波博孝・篠崎祐介・幸坂健太郎・吉川芳則・青山之
典（2017）「小中高の論理教育カリキュラム策定のための基礎研
究（1）―理論的枠組みの構築―」『全国大学国語教育学会国語科
教育研究：大会研究発表要旨集』132（0）全国大学国語教育学会

» 山田深雪・河上裕太（2022）「「複数の自己」への寛容を目指す文
学の授業実践―戯文という方法論を用いて―」『国語科教育』全

国大学国語教育学会 91 号山元隆春（2005）『文学教育基礎論の構築：読者反応を核としたリテラシー実践に向けて』渓水社

» Kintsch,W.(1994)「Text comprehension, memory, and learning.」『American Psychologist』, 49（4）

**編者**

**難波博孝**（なんば・ひろたか）

1958 年生まれ。広島大学大学院人間社会科学研究科教授。主な著書に『母語教育という思想』（世界思想社、2008 年）、『ナンバ先生のやさしくわかる論理の授業』（明治図書、2018 年）、『文学授業のカンドコロ　迷える国語教師たちの物語』（共著、文学通信、2022 年）などがある。

**第 8 章　執筆者**

菅谷克行　茨城大学人文社会科学部教授
森美智代　福山市立大学教育学部教授
瀧口美絵　広島都市学園大学子ども教育学部准教授
黒川麻実　大阪樟蔭女子大学児童教育学部准教授
髙橋茉由　秋田大学教育文化学部講師

---

# デジタル時代の児童の読解力

紙とデジタル比較読解調査からみえること

2024（令和 6）年 3 月 31 日　第 1 版第 1 刷発行

ISBN978-4-86766-039-3　C0037　Ⓒ 2024 Namba Hirotaka

---

**発行所　株式会社 文学通信**

〒 114-0001 東京都北区東十条 1-18-1 東十条ビル 1-101
電話 03-5939-9027　Fax 03-5939-9094
メール info@bungaku-report.com ウェブ https://bungaku-report.com

**発行人**　岡田圭介
**印刷・製本**　モリモト印刷

ご意見・ご感想はこちらからも送れます。上記のQRコードを読み取ってください。